增广贤文 格言联璧诵读本

「中华诵·经典诵读行动」读本编委会 编
南木 注释

中華書局

图书在版编目(CIP)数据

增广贤文·格言联璧诵读本/“中华诵·经典诵读行动”读本编委会编. —北京:中华书局,2014.9(2019.4重印)
(“中华诵·经典诵读行动”读本系列)
ISBN 978-7-101-10298-7

Ⅰ.增… Ⅱ.中… Ⅲ.①古汉语-启蒙读物②格言-汇编-中国-古代 Ⅳ.①H194.1②H136.3

中国版本图书馆CIP数据核字(2014)第186779号

书　　名 增广贤文·格言联璧诵读本
编　　者 “中华诵·经典诵读行动”读本编委会
注　　释 南　木
丛 书 名 “中华诵·经典诵读行动”读本系列
责任编辑 祝安顺
出版发行 中华书局
(北京市丰台区太平桥西里38号　100073)
http://www.zhbc.com.cn
E-mail:zhbc@zhbc.com.cn
印　　刷 北京市白帆印务有限公司
版　　次 2014年9月北京第1版
2019年4月北京第6次印刷
规　　格 开本/787×1092毫米　1/16
印张10¼　插页2　字数26千字
印　　数 22001-25000册
国际书号 ISBN 978-7-101-10298-7
定　　价 26.00元

出版说明

读经典的书，做有根的人。雅言传承文明，经典浸润人生。诵读中华经典，是四至十二岁学生学习中华传统文化的有效方式，也是中央文明办、教育部、国家语委主办的“中华诵·经典诵读行动”大力推动的一项校园文化建设活动。

四至十二岁是人生的黄金时期，也是人生记忆的黄金阶段，这个时期诵读一定量的中华经典，不仅有助于锻炼、提高记忆力，提升学生的语文素养，学习做人、做事的基本常识，更有助于提高学生的思维水平。

为了满足广大学生、家长和教师诵读中华经典的学习需求，我们组织相关专家、学者和一线教师，编辑出版了这套“中华诵·经典诵读行动”读本。本系列图书有下述基本特点：

一、内容系统全面

本系列图书选取蒙学经典、儒家经典、诸子百家、历史名著、经典诗文等三十八种，分四辑出版。有些经典内容过多，我们选择那些流传较广、思想深刻的篇章编成选本；有些诗文，则根据学生的学习需要进行了汇编。

二、导读言简意赅，诵读专业科学

每本图书的正文前都有“内容导读”和“诵读指导”。“内容导读”包括对经典的成书过程、作者和作品思想等方面的综述，“诵读指导”则请播音专业的专家从朗诵角度对每本书诵读时的语气、重点和感情变化等进行指导。

三、底本权威，大字拼音，注释实用

底本采用权威的通行本，正文原文采用楷体大字，符合学生阅读习惯，保护学生视力；字上用汉语拼音注音，拼音的标注以《汉语大字典》注音为准，在语流中发生变调的，一律标注本来的声调；页下附有难字、难词、难句注释，注释尽量参照最新研究成果，语言简洁通俗，表述精准易懂。

四、备有诵读示范音频资料，提供免费下载

部分图书备有由专业播音员、主持人和配音演员诵读的全本或选本的示范音频资料；条件成熟时，我们会提供一线教师的部分篇章的吟诵音频资料，供家长和教师、学生借鉴学习。鉴于光盘在运输途中容易发生损坏，我们仅提供网上免费下载诵读音频的服务。如需要图书音频资料，请购书读者将个人姓名、手机号、邮箱、所购书目、购书地点等信息发送至 songduben@126.com，即可获得该图书音频的下载网址。

关于本系列图书的使用，我们的建议和体会是：小切入，长坚持，先熟诵，后理解，家校共读出成效。

首先，家长、教师要了解经典著作的原文大意、难点注解，其中的名言警句或典故也要事先知晓大概，以便在孩子问询时能够予以帮助。

其次，家长、教师每日选择百字左右的诵读内容，带领孩子反复诵读。次日复读昨日内容，然后再开始新的内容，在学习新知识时不断温故，巩固熟读效果。

第三，在诵读时可采取听我读、跟我读、慢慢读、快快读、接力读等多种诵读形式，让孩子在集体的氛围中感受到学习的乐趣。

第四，教师或家长可将诵读内容做成卡片或活页，以便携带，随时复习，随时巩固。

第五，家校联手，逐次做好孩子的诵读记录。记录卡可以有诵读篇目、开始的时间、熟读的次数，还可以附上自我评价分数，家长、教师评价分数，读伴评价分数，调动一切因素激励学生熟读成诵。

本系列图书，从经典著作版本的选择到文本注音、注释的审定，都力求做到精准，但错误之处在所难免，请专家和读者批评指正。

中华书局编辑部

2014 年 7 月

目　录

内容导读

《增广贤文》《格言联璧》中的成人之道和处世之方

张素闻

“自天子以至于庶人，壹是皆以修身为本。”由修身而齐家，由齐家而治国平天下，是儒家所说的成人之道，通过个体修学的次第而带来个体祥和、家庭和睦、社会和谐的新风貌，由此阶梯型风貌影响而成理所当然不治而治的盛世中华。因此，修身乃是个体与社会的大事，真可谓“宇宙内事，乃己分内事；己分内事，乃宇宙内事”。而《增广贤文》与《格言联璧》就是此等分内之事在世俗生活中的具体操作指南，是传统文化深入中华大地的累累硕果，是电子智能时代的清心良药。

版 本

《增广贤文》的作者一直未见任何记载，书名最早见于明代万历年间的戏曲《牡丹亭》，据此可知此书最迟成于万历年间，又名《昔时贤文》《古今贤文》，经明、清两代文人的不断增补，最后定型成《增广昔时贤文》，通称《增广贤文》，清代同治年间儒生周希陶曾进行过重订。此书围绕成人之道、处世之方，收集了古往今来的各种格言、诗词与谚语，从礼仪道德、典章制度、风物典故到天文地理，几乎无所不包。

清代道光、咸丰时代的学者金缨先生，继其收集编辑的《几希录续》刊行之后，博览古圣先贤警策身心之语，编成《觉觉录》，以警醒世人，开启向道、求道及践道精神，垂范后世。但《觉觉录》内容浩大，刊行费用不菲，金缨先生便择其精要，按儒家《大学》《中庸》之道，以“诚意”“正心”“格物”“致知”“修身”“齐家”“治国”“平天下”等主要内容为框架，先行刊布，名为《格言联璧》。此书以类编次，条分缕晰，明理近情，分为包括学问类、存养类、持躬类、摄生类、敦品类、处事类、接物类、齐家类、从政类、惠吉类、悖凶类。十一类之间，经纬交错，皆以“修己、行仁、省躬、察物为归”，共六百多条，用意在于“以金科玉律之言，作暮鼓晨钟之警，实乃成己成人之宝筏，希圣希贤之阶梯”。

内 容

一、丰富详实

成人之道的多个维度：成人之道自先秦以来已经多有备述，孔孟老庄墨法无不基于各自的人性观与世界观而展现对于“成为一个人”的认知与方法，但是详细到分类而列，是《格言联璧》的一个特色，融汇各家之长，则是《增广贤文》与《格言联璧》的又一个特色。具体而言，学问、存养、持躬、摄生、敦品这五个方面多教如何成人，处事、接物、齐家、从政、惠吉、悖凶这六个方面则多教如何处世。《增广贤文》虽然多不注重分类，但亦多围绕此类主题，曾有人将《增广贤文》按照“劝善、识人、交友、齐家、勉学”等维度来分类，让人耳目一新而又心下了然。

多维度展现成人之道与处世之方是这两本书的一大特点，有时一条格言就已经包括了多个维度，比如《格言联璧》中的持躬类，其中有：“以‘媚’字奉亲，以‘淡’字交友，以‘苟’字省费，以‘拙’字免劳，以‘聋’字止谤，以‘盲’字远色，以‘吝’字防口，以‘病’字医淫，以‘贪’字读书，以‘疑’字穷理，以‘刻’字责己，以‘迂’字守礼，以‘狠’字立志，以‘傲’字植骨，以‘痴’字救贫，以‘空’字解忧，以‘弱’字御悔，以‘悔’字改过，以‘懒’字抑奔竞风，以‘惰’字屏尘俗事。”奉亲、交友、止谤、读书、守礼、立志、改过等都是为人处世需要密切关注的内容，若非生而知之者，定然要学而知之。而这两本书针对生命与生活的各种问题，给读者提供了多种自省自律、自我塑造、自我管理的参照标准，令人如亲师友，如逢知己。

处世之方的多个方面：待人处事、接物齐家、学问从政、趋吉避凶等都是处世之方。人伦与人的关系最密切又最关键。古者教人明人伦，所谓“世事洞明皆学问，人情练达即文章”，在《红楼梦》中有戏谑之疑，在现实中为人处世却确见功夫。“遇刚鲠人，须耐他戾气。遇骏逸人，须耐他妄气。遇朴厚人，须耐他滞气。遇佻达人，须耐他浮气。”中华文化的魅力即在于它并非单薄呆滞的结构，而是多元浑厚又生生不息，变易为道，而在变易之中自有不变之处与不变之机。“人褊急，我受之以宽宏；人险仄，我平之以坦荡。”

不变的是个体的自主性，也即明晃晃的主观能动性，变的是纷至沓来的外缘境遇与手眼机括。

二、不离生活

世俗生活与道德内涵：中国人的道德审美与世俗生活紧密相依，在寻常日用中体现高高在上的道，须臾不离，乃至因为世俗生活处理得融会贯通，才更加突显道德的光彩与审美的特质。“居视其所亲，富视其所与，达视其所举，穷视其所不为，贫视其所不取。”道德并非理想，亦非观念，而是每个当下都在考验以及呈现的心灵原貌，生活并不在别处，就在途中，途中即家舍，家舍即途中。

个体品德与群体思维：中国人向来注重群体生活，而个体修养与德行的锻造也就在多种群体生活中日趋完善。“善处身者，必善处世；不善处世，贼身者也。善处世者，必严修身；不严修身，媚世者也。”但是，当真狭路相逢，遇到自己拿捏不住驾驭不了的人事时如何处置呢？《格言联璧》犹如秘籍，总会在最关键之处亮出最得力的招数，足以弥补生活中智慧不足之处。“处难处之事愈宜宽，处难处之人愈宜厚，处至急之事愈宜缓，处至大之事愈宜平，处疑难之际愈宜无意。”此等妙语俯拾即是。

三、富于审美

音韵之美：《增广贤文》以有韵的谚语和文献佳句选编而成，内容来自经史子集、诗词曲赋、戏剧小说以及文人杂记，其思想观念都直接或间接地来自儒释道各家经典。从广义上来说，它是雅俗共赏的“经”的普及本，亲切易懂，朗朗上口。《格言联璧》经过金先生的编辑加工，多用排比句式与六朝骈文的四六句式，音韵与节奏之美随处彰显，抑扬顿挫，和谐畅快，特别适合诵读，并能在这种诵读中领会汉语言的音韵之美。

形式之美：《增广贤文》与《格言联璧》多用排比句式与四六句式，精美雅致，结构多体现对仗对称之才情，说理举事之际，择辞之精、成篇之简，取法古今之广博精微都通过这种优雅的形式来彰显。“天地不可一日无和气，人心不可一日无喜神”，何等浩然之语；“任难任之事，要有力而无气；处难处之人，要有知而无言”，何等智慧之心。而其言词的形式之美，不用揣摩研读，无需细心体会，尽皆扑面而来，处处经脉贯通气韵生动。

人际学习之美：君君、臣臣、父父、子子，向来被后人诟病，今天这样重视民主与权利的时代，较少人关心古人的伦理意义与精神内蕴，极易带来剑拔弩张的精神紧张与人际遭遇。而《格言联璧》就依照古人尊师重道之风，总结了古人极为民主的人际学习的方式，并在尊人中尊己，在立人中立己，在觉人中觉己，在利人中利己。“宽厚之人，吾师以养量。缜密之人，吾师以炼识。慈惠之人，吾师以御下。俭约之人，吾师以居家。明通之人，吾师以生慧。质朴之人，吾师以藏拙。才智之人，吾师以应变。缄默之人，吾师以存神。谦恭善下之人，吾师以亲师友。博学强识之人，吾师以广见闻……”都是中国人古已有之的人际处理模式，尊师重教，谦和温厚，有柔顺之慧与仁爱之美。如此看来，则“五伦十义”“八德”等，亦都是优化人际模式的方法，而非难以达到的生硬要求。

人格之美：中华文化重视人格的塑造与人心的打造，立德立功立言中，立德放在第一位。德者，得也，行而有得谓之德。《增广贤文》与《格言联璧》就秉承这样的线索，千方百计苦口婆心亦只是教导成人之道、处世之方，乃至处世之方亦为成人之道而服务。“人以品为重，若有一点卑污之心，便非顶天立地汉子。品以行为主，若有一件愧怍之事，即非泰山北斗品格。”人乃天地万物中人，无愧于天地万物，是中华民族最为可贵的精神气质之一，而这等襟怀品格谨慎到起心动念，发散到貌言视听思行住坐卧等处。“度量如海涵春育，应接如流水行云，操存如青天白日，威仪如丹凤祥麟，言论如敲金戛石，持身如玉洁冰清，襟抱如光风霁月，气概如乔岳泰山。”再没有如此理想的一个人，也没有如此理想的教育了。

中华文化的集大成之美：《增广贤文》与《格言联璧》成书较晚，文字不多，却呈现出中华文化的大成之相。有人以为其直追“宋明理学”，有人以为其秉持佛家修心之要，有人以为其中不乏道家精髓，结果是千人千眼，各美其美，虽各美其美，而实拧成一处。既可以看到儒家的忠恕，道家的无为，又可以看到佛家的因缘果，乃至于宋儒的“存天理，灭人欲”。“己性不可任，当用逆法制之，其道在一‘忍’字；人性不可拂，当用顺法调之，其道在一‘恕’字。”“困天下之智者，不在智而在愚。穷天下之辩者，不在辩而在讷。伏天下之勇者，不在勇而在怯。”“以耐事了天下之多事；以无心息天下之争心。”儒道互补是其鲜明的特色，三家汇通则是其高明，极高明而道中庸，亦可谓是其落笔之妙。儒家的慎独精神与克念作圣，道家的适性逍遥与无为守拙，佛家的善用其心与善巧方便结合得如此紧密，而不失其灵活生动，可谓是穷尽各家之美，而自游刃有余。

因果教育：尤其难得的是这两本书中的因果思想，限于近百年来实证主义的捆绑，大部分人对因果观念都有重重误会，乃至于将因果观念抛掷九霄云外，做事说话为所欲为，没有底线，没有禁忌，不懂得畏因惧果，谁也不怕谁，近则身心不安人际混乱，远则道德沦丧社会问题越来越严重频繁。《增广贤文》与《格言联璧》则将之明确下来："现在之福，积自祖宗者，不可不惜；将来之福，贻于子孙者，不可不培。现在之福如点灯，随点则随竭；将来之福如添油，愈添则愈明。"细读有代代相传生生不息之意。

大多人只相信自己的肉身能够看到或者听到的因果，不愿意相信自己的经验之外的看不到或是听不到的因果，《增广贤文》与《格言联璧》则以最通俗的方式提醒读者观察与发现因果的真实不虚。"祖宗富贵，自诗书中来，子孙享富贵，则弃诗书矣；祖宗家业，自勤俭中来，子孙享家业，则忘勤俭矣。"三世因果，并非超出经验之外，却常被经验忽略与轻视。"要知前世因，今生受者是，吾谓昨日以前，尔父尔祖，皆前世也。要知后世果，今生作者是，吾谓今日以后，尔子尔孙，皆后世也。"乃至有些因果当下即可勘验，无须久等时光来验证。"婚而论财，究也夫妇之道丧；葬而求福，究也父子之恩绝。"对照当前社会，尤其有现实意义与教化之需。

弘一法师曾在《改过实验谈》中说："须先多读佛书儒书，详知善恶之区别及改过迁善之法。倘因佛儒诸书浩如烟海，无力遍读，而亦难于了解者，可以先读《格言联璧》一部。余自儿时，即读此书，归信佛法之后，亦常常翻阅，甚觉其亲切而有味也。"教儿婴孩，教妇初来，经典诵读不论从哪一本，读到《增广贤文》与《格言联璧》，一定能让人口齿留香，手不释卷。

诵读指导

《增广贤文》《格言联璧》诵读中的安身之本与立命之要

李洪岩

在中国古代蒙学读物中，有不少类似于今天专门启蒙某领域的书籍，比如《声律启蒙》《笠翁对韵》着重讲解语言音韵，语与文合；比如《幼学琼林》《龙文鞭影》重在结合文史，拓展视野；比如《蒙求》《四字鉴略》重在介绍历史百科，述史讲理，等等。这些读物从内容到形式都力求统一，风格一致。而另有一类启蒙读物则类似于今天的名言警句，精华荟萃，乍一看形式松散，文体多样，细细品读则又能逐渐梳理出其内在的脉络与立意，它们更像是修身齐家、劝诫警示的教育类书籍，本文所说的《增广贤文》《格言联璧》当属此类。其中不少名言警句早已成为民间口耳相传、家喻户晓的座右之铭了，比如“良药苦口利于病，忠言逆耳利于行”“善有善报，恶有恶报”“种麻得麻，种豆得豆”“一年之计在于春”“近水楼台先得月”，等等。这些劝诫警示之语，有的字斟句酌、文采飞扬；有的轻松随意、平白如话；有的令人心有同感，但表述更为精妙；有的振聋发聩、令人警醒。对中国古代民众而言，这些传诵于口耳之间的警句俗语点明了安身之本、立命之要：或提醒在生活上要勤俭持家，或劝勉在精神上要有高洁追求，或敦促加强个人修养，或提醒注重相处之道，其长处往往是一语中的，直击心灵。

诵读《增广贤文》与《格言联璧》，重在把握其“贤文”“格言”在内容与形式方面相结合的特点，并采取与之相应的方法，力求言行一致，勤学笃行。

首先，在内容方面，了解其宗旨与思路应是把握这类集散句于一体的读物的关键。

《增广贤文》据推测最迟成书于明万历年间，而清代同治年间的儒生周希陶对其进行过重订。周希陶在序中所表达的意思比较明确地阐述了该读物的编写宗旨，“古圣贤千言万语,无非教人为善而耳”。的确,“为善”二字说起来容易,做起来则涉及小之持家,中之处事,大之治国,或宏或微,或巨或细,这都应遵照内心的准则与行为的规范。如果想践行之,则内要明事理,外要有方法,这正是该蒙学读物的长处。该书包括“在家出家言,复有仕宦治世言,隐逸出世言,士农工商,无一不备”,可以说是古代修身齐家经典警语的凝炼辑要。

《格言联璧》相较于《增广贤文》来说定位一致,而编排有异。该书据说是清朝山阴金姓学者(据传是金缨先生)所编述,书中同样集纳了警策劝诫之语,不同的是根据内容划分了学问类、存养类、持躬类、摄生类、敦品类、处事类、接物类、齐家类、从政类、惠吉类、悖凶类等类别。如果仔细甄别,其内容在不同类别中并非界限分明、严格划分,但从编选思路上看毕竟区分了不同领域,反映了古人方方面面的行事规范,这些内容涉及做人做事、在家在外、物质精神、从文从政等等,可以说是世人安身立命的人生指南。

当然,历史和时代的局限性在这类蒙学读物中还是有的,不过因为读物的大方向符合社会发展趋势,细节上提供了行为规范,对今人而言,品读并践行之,依然大有裨益。

其次,在形式上,把握其或文或白、或雅或俗、或长或短、或骈或散的文体,当谨记则谨记,当诵读则诵读,将其精髓融于日常行事中的点点滴滴,则会帮助人们完善其行为修养。

周希陶重订《增广贤文》时在序言中的一段话表明了该书体例的形成原因,“与流俗人言,文言之不解,又俗言以晓之;直言之不受,又婉言以通之;且善言之不入,又法言以儆之”。也就是说,该书为了避免人们不能深入理解内容而采取了生活中常用的俗语,为了避免人们不接受直截了当的说教而采取了委婉的说法,为了避免好言相劝没有效果而采取了措辞严厉的警示之语。这些不同风格的语句在诵读时一般采取不同的语气,或自然流畅近乎交谈,或小心提示近乎劝说,或庄重严肃近乎告诫。可见,诵读的依据不仅要关注内容,还要把握形式,将内容与形式相结合的文稿本身才是创作的依据。

相同的原理,《格言联璧》虽然比较清晰地划分了类别,但在一类之内也往往是多种风格形式并存,诵读时也应运用多样的语气、节奏。

平白者,比如“日日行,不怕千万里;常常做,不怕千万事”“过去事,丢得一节是一节;现在事,了得一节是一节;未来事,省得一节是一节”,这些话即便放在今天也是极为通俗易懂的,加之其内容实实在在,劝勉意味浓重,所谓诵读几乎就是平白如话地解说,运用的是谈话式的语体。

文言者，比如“居处必先精勤，乃能闲暇；凡事务求停妥，然后逍遥”“何以息谤？曰无辩。何以止怨？曰不争”“有真才者，必不矜才；有实学者，必不夸学”，等等，这些都是简练精当的文言文，用字讲究，对仗整齐，诵读时更重节奏的运用，以便形成回环往复的形式美感，易诵易记。

文白相间者，如“天地间真滋味，惟静者能尝得出。天地间真机括，惟静者能看得透”，这类语句文白参半，诵读时应运用自然晓畅的语气，同时要伴有张弛有度、松紧得宜的节奏，在变化中呈现出雅俗共赏的风格特点。

第三，在方法上，将理解与行动相统一，力求将“心到、言到、行为到”有机结合。

古代蒙学的特点往往都要求知行合一，理解是基础，表达是手段，身体力行是目的。如果读者能在诵读声中体会到其道理的深刻与精妙，则“文以载道”的功能才真正得以体现，语言的目的性才真正得以落实。从美学的角度看，审美是无功利的，但其功能发挥恰恰体现了“无目的而合目的”的规律。简言之，就是将诵读的美感享受与教育认知有机结合，无说教之形式，有引导之功能，自然而然，入耳入心，既发挥了启蒙的作用，也发挥了美育的功能，何乐而不为呢？

其实，《增广贤文》与《格言联璧》集成的先贤警语与民间俗语是中华智慧的结晶，我们从中可以看到中华民族的历史经验、民间智慧、民族性格、审美好尚，而这正是中国古代启蒙读物特点的集中体现，那就是对幼学的教育之言可以浅显，但道德标准却并未降低，而诵读以及通过诵读传承做人做事的准则，也从来都不只是针对孩子的事情。

（作者单位：中国传媒大学播音主持艺术学院）

增广贤文

xī shí xián wén huì rǔ zhūn zhūn jí yùn zēng guǎng duō jiàn duō

昔时贤文，诲汝谆谆[1]。集韵[2]增广，多见多

wén guān jīn yí jiàn gǔ wú gǔ bù chéng jīn

闻。观今宜鉴[3]古，无古不成今。

zhī jǐ zhī bǐ jiāng xīn bǐ xīn jiǔ féng zhī jǐ yǐn shī xiàng huì

知己知彼，将心比心[4]。酒逢知己饮，诗向会

rén yín xiāng shí mǎn tiān xià zhī xīn néng jǐ rén xiāng féng hǎo sì chū xiāng

人吟。相识满天下，知心能几人。相逢好似初相

shí dào lǎo zhōng wú yuàn hèn xīn

识，到老终无怨恨心。

jìn shuǐ zhī yú xìng jìn shān shí niǎo yīn yì zhǎng yì tuì shān xī shuǐ

近水知鱼性，近山识鸟音。易涨易退山溪水，

yì fǎn yì fù xiǎo rén xīn

易反易复小人心。

yùn qù jīn chéng tiě shí lái tiě sì jīn

运去金成铁，时来铁似金。

dú shū xū yòng yì yī zì zhí qiān jīn

读书须用意[5]，一字值千金[6]。

féng rén qiě shuō sān fēn huà wèi kě quán pāo yī piàn xīn yǒu yì zāi

逢人且说三分话，未可全抛一片心。有意栽

huā huā bù fā wú xīn chā liǔ liǔ chéng yīn huà hǔ huà pí nán huà gǔ

花花不发[7]，无心插柳柳成荫。画虎画皮难画骨，

zhī rén zhī miàn bù zhī xīn

知人知面不知心[8]。

---

①谆谆：形容教导恳切的样子。 ②集韵：把押韵的文字汇集起来。 ③鉴：借鉴。 ④将心比心：站在别人的立场为别人考虑。 ⑤用意：刻苦用心。 ⑥一字值千金：相传吕不韦修成《吕氏春秋》，贴出布告，凡能增损一字者赏千金。 ⑦发：开花。 ⑧画虎画皮难画骨，知人知面不知心：意思是画虎时容易画出其外在毛皮，但画不出其内在的骨头；与人交往，易知其表面，难知其内心。

qián cái rú fèn tǔ rén yì zhí qiān jīn

钱财如粪土，仁义值千金。

liú shuǐ xià tān fēi yǒu yì bái yún chū xiù běn wú xīn dāng shí ruò bù dēng gāo wàng shéi xìn dōng liú hǎi yàng shēn lù yáo zhī mǎ lì shì jiǔ zhī rén xīn

流水下滩非有意，白云出岫本无心。当时若不登高望，谁信东流海样深。路遥知马力，事久知人心。

liǎng rén yī bān xīn wú qián kān mǎi jīn yī rén yī bān xīn yǒu qián nán mǎi zhēn

两人一般①心，无钱堪②买金；一人一般心，有钱难买针。

xiāng jiàn yì dé hǎo jiǔ zhù nán wéi rén

相见易得好，久住③难为人。

mǎ xíng wú lì jiē yīn shòu rén bù fēng liú zhǐ wèi pín

马行无力皆因瘦，人不风流只为贫。

ráo rén bù shì chī hàn chī hàn bù huì ráo rén

饶④人不是痴汉，痴汉不会饶人。

shì qīn bù shì qīn fēi qīn què shì qīn měi bù měi xiāng zhōng shuǐ qīn bù qīn gù xiāng rén

是亲不是亲，非亲却是亲。美不美，乡中水；亲不亲，故乡人。

yīng huā yóu pà chūn guāng lǎo qǐ kě jiào rén wǎng dù chūn xiāng féng bù yǐn kōng guī qù dòng kǒu táo huā yě xiào rén hóng fěn jiā rén xiū shǐ lǎo fēng

莺花⑤犹怕春光老，岂可教人枉度春。相逢不饮空归去，洞口桃花也笑人。红粉佳人休使老，风

①一般：相同。 ②堪：能够。 ③久住：长期相处，生活在一起。 ④饶：宽恕。 ⑤莺花：啼鸣的黄莺和盛开的鲜花，这里借指春天里美好的景色。

liú làng zǐ mò jiāo pín
流浪子莫教贫。

zài jiā bù huì yíng bīn kè chū wài fāng zhī shǎo zhǔ rén huáng jīn wú
在家不会迎宾客，出外方知少主人。黄金无
jiǎ ā wèi wú zhēn kè lái zhǔ bù gù yīng kǒng shì chī rén pín jū nào
假，阿魏①无真。客来主不顾，应恐是痴人。贫居闹
shì wú rén wèn fù zài shēn shān yǒu yuǎn qīn
市无人问，富在深山有远亲。

shéi rén bèi hòu wú rén shuō nǎ gè rén qián bù shuō rén yǒu qián dào
谁人背后无人说，哪个人前不说人。有钱道
zhēn yǔ wú qián yǔ bù zhēn bù xìn dàn kàn yán zhōng jiǔ bēi bēi xiān quàn
真语，无钱语不真。不信但②看筵中酒，杯杯先劝
yǒu qián rén
有钱人。

nào lǐ yǒu qián jìng chù ān shēn lái rú fēng yǔ qù sì wēi chén
闹里③有钱，静处安身。来如风雨，去似微尘。

cháng jiāng hòu làng tuī qián làng shì shàng xīn rén gǎn jiù rén jìn shuǐ lóu
长江后浪推前浪，世上新人赶旧人。近水楼
tái xiān dé yuè xiàng yáng huā mù zǎo féng chūn mò dào jūn xíng zǎo gèng yǒu zǎo
台先得月，向阳花木早逢春。莫道君行早，更有早
xíng rén
行人。

mò xìn zhí zhōng zhí xū fáng rén bù rén shān zhōng yǒu zhí shù shì
莫信直中直④，须防仁不仁。山中有直树，世
shàng wú zhí rén
上无直人。

---

①阿魏：多年生草本植物，可以入药。由于比较珍贵，很少见到真品，所以说“阿魏无真”。 ②但：只。 ③闹里：繁华热闹的地方。 ④直中直：指那些只是表面上正直的所谓“正直的人”。

zì hèn zhī wú yè mò yuàn tài yáng piān dà jiā dōu shì mìng bàn
自恨①枝无叶，莫怨②太阳偏。大家都是命，半
diǎn bù yóu rén
点不由人。

yī nián zhī jì zài yú chūn yī rì zhī jì zài yú yín yī jiā
一年之计③在于春，一日之计在于寅④。一家
zhī jì zài yú hé yī shēng zhī jì zài yú qín
之计在于和，一生之计在于勤。

zé rén zhī xīn zé jǐ shù jǐ zhī xīn shù rén shǒu kǒu rú píng
责人之心责己，恕己之心恕人。守口如瓶，
fáng yì rú chéng nìng kě rén fù wǒ qiè mò wǒ fù rén zài sān xū shèn
防意⑤如城。宁可人负⑥我，切莫我负人。再三须慎
yì dì yī mò qī xīn
意，第一莫欺心。

hǔ shēng yóu kě jìn rén shú bù kān qīn lái shuō shì fēi zhě biàn shì
虎生犹可近，人熟不堪亲。来说是非者，便是
shì fēi rén
是非人。

yuǎn shuǐ nán jiù jìn huǒ yuǎn qīn bù rú jìn lín
远水难救近火，远亲不如近邻。

yǒu chá yǒu jiǔ duō xiōng dì jí nàn hé céng jiàn yī rén rén qíng sì
有茶有酒多兄弟，急难何曾见一人？人情似
zhǐ zhāng zhāng báo shì shì rú qí jú jú xīn shān zhōng yě yǒu qiān nián shù shì
纸张张薄，世事如棋局局新。山中也有千年树，世
shàng nán féng bǎi suì rén
上难逢百岁人。

---

①恨：后悔。②怨：埋怨。③计：计划，打算。④寅：凌晨三点到五点。⑤防意：坚守意志，不产生邪念。⑥负：辜负。

lì wēi xiū fù zhòng yán qīng mò quàn rén wú qián xiū rù zhòng zāo nàn mò xún qīn

力微休负重①，言轻莫劝人。无钱休入众②，遭难莫寻亲。

píng shēng mò zuò zhòu méi shì shì shàng yīng wú qiè chǐ rén

平生莫作皱眉事，世上应无切齿③人。

shì zhě guó zhī bǎo rú wéi xí shàng zhēn

士者国之宝，儒为席上珍④。

ruò yào duàn jiǔ fǎ xǐng yǎn kàn zuì rén

若要断酒⑤法，醒眼看醉人。

qiú rén xū qiú dà zhàng fū jì rén xū jì jí shí wú kě shí yī dī rú gān lù zuì hòu tiān bēi bù rú wú

求人须求大丈夫，济⑥人须济急时无。渴时一滴如甘露，醉后添杯不如无。

jiǔ zhù lìng rén xián pín lái qīn yě shū

久住令人嫌，频来亲也疏。

jiǔ zhōng bù yǔ zhēn jūn zǐ cái shàng fēn míng dà zhàng fū

酒中不语⑦真君子，财上分明大丈夫。

chū jiā rú chū chéng fó yǒu yú

出家如初，成佛有余。

jī jīn qiān liǎng bù rú míng jiě jīng shū yǎng zǐ bù jiào rú yǎng lǘ yǎng nǚ bù jiào rú yǎng zhū yǒu tián bù gēng cāng lǐn xū yǒu shū bù

积金千两，不如明解经书⑧。养子不教如养驴，养女不教如养猪。有田不耕仓廪⑨虚，有书不

①微：小。休：不要。②众：人多的地方。③切齿：痛恨。④席：筵席。珍：珍馐美味。⑤断酒：戒酒。⑥济：帮助。⑦不语：不胡言乱语。⑧经书：指“四书”“五经”等经典之书。⑨仓廪：粮仓。

dú zǐ sūn yú cāng lǐn xū xī suì yuè fá zǐ sūn yú xī lǐ yí shū
读子孙愚。仓廪虚兮岁月乏，子孙愚兮礼仪疏[1]。
tóng jūn yī xí huà shèng dú shí nián shū rén bù tōng jīn gǔ mǎ niú ér
同君一席话，胜读十年书。人不通今古，马牛而
jīn jū
襟裾[2]。

máng máng sì hǎi rén wú shù nǎ gè nán ér shì zhàng fū bái jiǔ niàng
茫茫四海人无数，哪个男儿是丈夫？白酒酿
chéng yuán hào kè huáng jīn sàn jìn wèi shōu shū jiù rén yī mìng shèng zào qī
成缘[3]好客，黄金散尽为收书[4]。救人一命，胜造七
jí fú tú chéng mén shī huǒ yāng jí chí yú
级浮屠[5]。城门失火，殃及池鱼。

tíng qián shēng ruì cǎo hǎo shì bù rú wú yù qiú shēng fù guì xū
庭前生瑞草，好事不如无[6]。欲求生富贵，须
xià sǐ gōng fū bǎi nián chéng zhī bù zú yī dàn bài zhī yǒu yú
下死工夫。百年成之不足，一旦[7]败之有余。

rén xīn sì tiě guān fǎ rú lú shàn huà bù zú è huà yǒu yú
人心似铁，官法如炉[8]。善化不足，恶化有余。

shuǐ zhì qīng zé wú yú rén zhì chá zé wú tú zhì zhě jiǎn bàn
水至清则无鱼，人至察则无徒[9]。知[10]者减半，
xǐng zhě quán wú
省[11]者全无。

---

①礼仪疏：不懂礼仪，没有教养。 ②人不通今古，马牛而襟裾：人不能博古通今，就像马牛一样，虽然穿上人的衣服，也只是虚有其表。襟裾，泛指衣服。 ③缘：因为。 ④收书：购收书籍。 ⑤浮屠：佛塔。 ⑥庭前生瑞草，好事不如无：古人认为"祸兮福之所倚，福兮祸之所伏"。庭前生出瑞草，虽是好事，也可能带来灾难，所以说有好事还不如没有。 ⑦一旦：一日。 ⑧官法：国家的法律、法规。炉：锅炉，这里用来比喻国家法律对人的教化和惩处。 ⑨水至清则无鱼，人至察则无徒：语出《大戴礼记·子张问入官》。意思是水过于清澈就没有鱼，人过于苛求就没有朋友。 ⑩知：通"智"。 ⑪省：清醒。

zài jiā yóu fù　chū jiā　cóng fū　chī rén wèi fù　xián nǚ jìng fū
在家由父，出家①从夫。痴人畏妇，贤女敬夫。

shì fēi zhōng rì yǒu　bù tīng zì rán wú　nìng kě zhèng ér bù zú　bù
是非终日有，不听自然无。宁可正而不足，不
kě xié ér yǒu yú　nìng kě xìn qí yǒu　bù kě xìn qí wú
可邪而有余。宁可信其有，不可信其无。

zhú lí máo shè fēng guāng hǎo　dào yuàn sēng fáng zhōng bù rú　mìng lǐ yǒu
竹篱茅舍风光好，道院僧房终不如。命里有
shí zhōng xū yǒu　mìng lǐ wú shí mò qiáng qiú　dào yuàn yíng xiān kè　shū táng yǐn
时终须有，命里无时莫强求。道院迎仙客，书堂隐
xiàng rú　tíng zāi qī fèng zhú　chí yǎng huà lóng yú
相儒②。庭栽栖凤竹，池养化龙鱼③。

jié jiāo xū shèng jǐ　sì wǒ bù rú wú　dàn kàn sān wǔ rì　xiāng
结交须胜己④，似我不如无。但⑤看三五日，相
jiàn bù rú chū
见不如初。

rén qíng sì shuǐ fēn gāo xià　shì shì rú yún rèn juǎn shū
人情似水分高下，世事如云任卷舒⑥。

huì shuō shuō dōu shì　bù huì shuō wú lǐ
会说说都是，不会说无礼。

mó dāo hèn bù lì　dāo lì shāng rén zhǐ　qiú cái hèn bù dé　cái
磨刀恨不利⑦，刀利伤人指。求财恨不得，财
duō hài zì jǐ　zhī zú cháng zú　zhōng shēn bù rǔ　zhī zhǐ cháng zhǐ　zhōng shēn
多害自己。知足常足，终身不辱。知止常止，终身

①出家：指女性出嫁后离开自己原来的家庭。　②相儒：有将相之才的儒者。　③栖凤竹：凤凰栖身的竹子。化龙鱼：鲤鱼，相传鲤鱼越过龙门就可以变成龙。　④胜己：超过自己，比自己优秀。　⑤但：只要。　⑥卷舒：指云彩一会儿卷起，一会儿展开，这里用来比喻世事无常，变化多端。　⑦磨刀恨不利：以刀不利为恨，意思是唯恐刀不锋利。恨，遗憾。

bù chǐ　yǒu fú shāng cái　wú fú shāng jǐ
不耻①。有福伤财，无福伤己。

chā zhī háo lí　shī zhī qiān lǐ　ruò dēng gāo bì zì bēi　ruò shè
差之毫厘，失之千里②。若登高必自卑，若涉
yuǎn bì zì ěr　sān sī ér xíng　zài sī kě yǐ　shǐ kǒu bù rú zì
远必自迩③。三思而行，再④思可矣。使口不如自
zǒu　qiú rén bù rú qiú jǐ
走，求人不如求己⑤。

xiǎo shí shì xiōng dì　zhǎng dà gè xiāng lǐ　dù cái mò dù shí　yuàn shēng
小时是兄弟，长大各乡里。妒财莫妒食，怨生
mò yuàn sǐ
莫怨死。

rén jiàn bái tóu chēn　wǒ jiàn bái tóu xǐ　duō shǎo shào nián wáng　bù
人见白头嗔⑥，我见白头喜。多少少年亡，不
dào bái tóu sǐ
到白头死。

qiáng yǒu fèng　bì yǒu ěr　hǎo shì bù chū mén　è shì chuán qiān lǐ
墙有缝，壁有耳⑦。好事不出门，恶事传千里。

zéi shì xiǎo rén　zhì guò jūn zǐ　jūn zǐ gù qióng　xiǎo rén qióng sī làn
贼是小人，知过君子。君子固穷，小人穷斯滥
yě　pín qióng zì zài　fù guì duō yōu　bù yǐ wǒ wéi dé　fǎn yǐ wǒ wéi
也⑧。贫穷自在，富贵多忧。不以我为德，反以我为

---

①知足常足，终身不辱。知止常止，终身不耻：意思是知道满足就不会受辱，知道适可而止就不会有危险。　②差之毫厘，失之千里：语出《礼记·经解》。意思是开始时极其细小的差错，结果都会造成很大的错误。　③若登高必自卑，若涉远必自迩：语出《礼记·中庸》。意思是君子所奉行的道，走向远方必须从近处开始，就像登上高处必须从低处开始。　④再：两次。　⑤使口不如自走，求人不如求己：用嘴指使别人做不如亲力亲为，求别人不如求自己。　⑥嗔：发怒，生气。　⑦壁有耳：指墙壁后面有耳朵在偷听。　⑧君子固穷，小人穷斯滥也：语出《论语·卫灵公》。意思是君子安守贫穷，小人穷困便会胡作非为。固，坚守，安守。滥，泛滥，这里指胡作非为。

chóu nìng kě zhí zhōng qǔ bù kě qū zhōng qiú
仇。宁可直中取，不可曲中求。

rén wú yuǎn lǜ bì yǒu jìn yōu zhī wǒ zhě wèi wǒ xīn yōu bù
人无远虑，必有近忧①。知我者谓我心忧，不
zhī wǒ zhě wèi wǒ hé qiú qíng tiān bù kěn qù zhí dài yǔ lín tóu
知我者谓我何求②。晴天不肯去，直待雨淋头。

chéng shì mò shuō fù shuǐ nán shōu shì fēi zhǐ wèi duō kāi kǒu fán
成事莫说，覆水难收。是非只为多开口③，烦
nǎo jiē yīn qiáng chū tóu rěn de yī shí zhī qì miǎn de bǎi rì zhī yōu
恼皆因强④出头。忍得一时之气，免得百日之忧⑤。
jìn lái xué de wū guī fǎ dé suō tóu shí qiě suō tóu jù fǎ zhāo zhāo
近来学得乌龟法，得缩头时且缩头。惧法⑥朝朝
lè qī gōng rì rì yōu
乐，欺公日日忧⑦。

rén shēng yī shì cǎo shēng yī chūn hēi fà bù zhī qín xué zǎo
人生一世，草生一春⑧。黑发不知勤学早，
kàn kàn yòu shì bái tóu wēng yuè guò shí wǔ guāng míng shǎo rén dào zhōng nián
看看又是白头翁。月过十五光明少，人到中年
wàn shì xiū
万事休⑨。

ér sūn zì yǒu ér sūn fú mò wèi ér sūn zuò mǎ niú rén shēng bù
儿孙自有儿孙福，莫为儿孙作马牛。人生不
mǎn bǎi cháng huái qiān suì yōu
满百，常怀千岁忧。

---

①人无远虑，必有近忧：语出《论语·卫灵公》。意思是人如果没有长远的考虑，就一定会有近在眼前的忧患。②知我者谓我心忧，不知我者谓我何求：语出《诗经·王风·黍离》。意思是了解我的人，认为我内心忧愁；不了解我的人，还以为我别有欲求。 ③多开口：说话过多，多嘴。 ④强：硬要。 ⑤忧：祸患。 ⑥惧法：敬畏律法。 ⑦忧：担心。 ⑧草生一春：指草木春天发芽，秋天就枯萎。比喻生命短暂。 ⑨休：休止，结束。

jīn zhāo yǒu jiǔ jīn zhāo zuì míng rì chóu lái míng rì yōu lù féng xiǎn
今朝有酒今朝醉，明日愁来明日忧。路逢险
chù nán huí bì shì dào tóu lái bù zì yóu yào néng yī jiǎ bìng jiǔ bù jiě
处难回避，事到头来不自由。药能医假病，酒不解
zhēn chóu
真愁。

rén píng bù yǔ shuǐ píng bù liú yī jiā yǎng nǚ bǎi jiā qiú yī
人平不语①，水平不流。一家养女百家求，一
mǎ bù xíng bǎi mǎ yōu yǒu huā fāng zhuó jiǔ wú yuè bù dēng lóu sān bēi tōng
马不行百马忧。有花方酌酒，无月不登楼。三杯通
dà dào yī zuì jiě qiān chóu shēn shān bì jìng cáng měng hǔ dà hǎi zhōng xū
大道②，一醉解千愁。深山毕竟藏猛虎，大海终须
nà xì liú
纳细流。

xī huā xū jiǎn diǎn ài yuè bù shū tóu dà dǐ xuǎn tā jī gǔ
惜花须检点③，爱月不梳头④。大抵选他肌骨⑤
hǎo bù chá hóng fěn yě fēng liú
好，不搽红粉也风流。

shòu ēn shēn chù yí xiān qǐ dé yì nóng shí biàn kě xiū mò dài shì
受恩深处宜先起，得意浓时便可休。莫待是
fēi lái rù ěr cóng qián ēn ài fǎn chéng chóu liú dé wǔ hú míng yuè zài
非来入耳，从前恩爱反成仇。留得五湖⑥明月在，
bù chóu wú chù xià jīn gōu xiū bié yǒu yú chù mò liàn qiǎn tān tóu qù shí
不愁无处下金钩。休别有鱼处，莫恋浅滩头。去时

---

①人平不语：人感到了公平就不会再表示不满了。 ②三杯通大道：语出唐代李白《月下独酌》："三杯通大道，一斗合自然。"意思是喝酒三杯就能体会到超脱之道，饮酒一斗就完全合于自然之道。 ③检点：行为谨慎的样子。 ④梳头：古代妓院，处子梳辫，接客梳髻。故称首次接客为梳头。 ⑤肌骨：这里指女性的容颜。 ⑥五湖：归隐的代称。

zhōng xū qù zài sān liú bù zhù
终须去，再三留不住。

rěn yī jù xī yī nù ráo yī zhāo tuì yī bù
忍一句，息一怒，饶一着[①]，退一步。

sān shí bù háo sì shí bù fù wǔ shí jiāng jìn xún sǐ lù
三十不豪，四十不富，五十将近寻死路。

shēng bù rèn hún sǐ bù rèn shī fù mǔ ēn shēn zhōng yǒu bié fū
生不认魂，死不认尸。父母恩深终有别，夫
qī yì zhòng yě fēn lí rén shēng sì niǎo tóng lín sù dà xiàn lái shí gè
妻义重也分离。人生似鸟同林宿，大限[②]来时各
zì fēi
自飞。

rén shàn bèi rén qī mǎ shàn bèi rén qí rén wú hèng cái bù fù
人善被人欺，马善被人骑。人无横财[③]不富，
mǎ wú yè cǎo bù féi rén è rén pà tiān bù pà rén shàn rén qī tiān bù
马无夜草不肥。人恶人怕天不怕，人善人欺天不
qī shàn è dào tóu zhōng yǒu bào zhǐ zhēng lái zǎo yǔ lái chí huáng hé shàng
欺。善恶到头终有报[④]，只争[⑤]来早与来迟。黄河尚
yǒu chéng qīng rì qǐ kě rén wú dé yùn shí
有澄清日，岂可人无得运时。

dé chǒng sī rǔ jū ān sī wēi niàn niàn yǒu rú lín dí rì xīn
得宠思辱，居安思危。念念[⑥]有如临敌日，心
xīn cháng sì guò qiáo shí
心[⑦]常似过桥时。

yīng xióng xíng xiǎn dào fù guì sì huā zhī rén qíng mò dào chūn guāng hǎo
英雄行险道，富贵似花枝。人情莫道春光好，

①着：下棋时走一步棋子、武术中的一个动作都可以称为着数。 ②大限：死期。 ③横财：意外侥幸的财物。 ④报：因果报应。 ⑤争：欠，差。 ⑥念念：连续不断的意念，常常想。 ⑦心心：与“念念”同意，时刻想。

zhǐ pà qiū lái yǒu lěng shí
只怕秋来有冷时。

sòng jūn qiān lǐ zhōng xū yī bié
送君千里，终须一别。

dàn jiāng lěng yǎn kàn páng xiè kàn nǐ héng xíng dào jǐ shí
但将冷眼看螃蟹，看你横行到几时。

jiàn shì mò shuō wèn shì bù zhī xián shì xiū guǎn wú shì zǎo guī
见事莫说，问事不知。闲事休管，无事早归。

jiǎ duàn rǎn jiù zhēn hóng sè yě bèi páng rén shuō shì fēi shàn shì kě zuò è shì mò wéi xǔ rén yī wù qiān jīn bù yí lóng shēng lóng zǐ hǔ shēng hǔ ér lóng yóu qiǎn shuǐ zāo xiā xì hǔ luò píng yáng bèi quǎn qī
假缎[①]染就真红色，也被旁人说是非。善事可作，恶事莫为。许[②]人一物，千金不移[③]。龙生龙子，虎生虎儿。龙游浅水遭虾戏，虎落平阳[④]被犬欺。

yī jǔ shǒu dēng lóng hǔ bǎng shí nián shēn dào fèng huáng chí shí nián chuāng xià wú rén wèn yī jǔ chéng míng tiān xià zhī
一举首登龙虎榜[⑤]，十年身到凤凰池[⑥]。十年窗下无人问，一举成名天下知。

jiǔ zhài xún cháng xíng chù yǒu rén shēng qī shí gǔ lái xī
酒债寻常行处有，人生七十古来稀[⑦]。

yǎng ér dài lǎo jī gǔ fáng jī jī tún gǒu zhì zhī chù wú shī qí shí shù kǒu zhī jiā kě yǐ wú jī yǐ cháng jiāng yǒu rì sī wú rì
养儿待老，积谷防饥。鸡豚狗彘之畜，无失其时[⑧]。数口之家，可以无饥矣[⑨]。常将有日思无日，

①缎：一种厚而光滑的丝织品。 ②许：许诺，答应。 ③移：改变。 ④平阳：平坦的地方。 ⑤龙虎榜：古时进入殿试的进士榜称龙虎榜。 ⑥凤凰池：古代重要的政府机构中书省的代称。这里指非常显要的官职。 ⑦酒债寻常行处有，人生七十古来稀：语出唐代诗人杜甫《曲江》。意思是作者到处都欠有酒债，之所以这么放纵饮酒，就因为活过七十岁的人自古就很少。 ⑧鸡豚狗彘之畜，无失其时：语出《孟子·梁惠王上》。意思是对鸡猪狗的喂养，不要错过它们繁殖的时机。 ⑨数口之家，可以无饥矣：几口人的家庭，就可以不挨饿了。

mò bǎ wú shí dāng yǒu shí
莫把无时当有时。

shí lái fēng sòng téng wáng gé yùn qù léi hōng jiàn fú bēi
时来风送滕王阁①，运去雷轰荐福碑②。

rù mén xiū wèn róng kū shì guān kàn róng yán biàn dé zhī guān qīng shū
入门休问荣枯事，观看容颜便得知。官清书
lì shòu shén líng miào zhù féi
吏③瘦，神灵庙祝④肥。

xī què léi tíng zhī nù bà què hǔ láng zhī wēi ráo rén suàn rén
息却雷霆之怒⑤，罢却⑥虎狼之威。饶人算人
zhī běn shū rén suàn rén zhī jī hǎo yán nán dé è yǔ yì shī yī
之本⑦，输人算人之机⑧。好言难得，恶语易施⑨。一
yán jì chū sì mǎ nán zhuī
言既出，驷马难追。

dào wú hǎo zhě shì wú zéi dào wú è zhě shì wú shī lù féng xiá
道吾好者是吾贼，道吾恶者是吾师。路逢侠
kè xū chéng jiàn bù shì cái rén mò xiàn shī sān rén xíng bì yǒu wǒ shī
客须呈剑，不是才人莫献诗。三人行，必有我师
yān zé qí shàn zhě ér cóng zhī qí bù shàn zhě ér gǎi zhī
焉，择其善者而从之，其不善者而改之。

shào zhuàng bù nǔ lì lǎo dà tú shāng bēi
少壮不努力，老大徒伤悲。

rén yǒu shàn yuàn tiān bì yòu zhī
人有善愿，天必佑之。

---

①滕王阁：故址在今江西南昌市赣江边，唐高祖李渊之子滕王李元婴任洪州刺史时所建，因而得名。 ②荐福碑：相传北宋时有一书生向范仲淹献诗，范要他去临摹荐福寺的碑文，出售可得善价，以救饥寒，不料当夜碑竟为雷所毁。 ③书吏：旧时衙门中办理文书的人员。 ④庙祝：寺庙中管理香火的人。 ⑤息却：平息除去。雷霆：震怒的状态。 ⑥罢却：停止，收起。 ⑦饶人：宽恕别人。算：算是，算作。人之本：做人的根本。 ⑧输人：输给别人，不争强好胜的意思。机：关键。 ⑨施：施加于人。

mò yǐn mǎo shí jiǔ hūn hūn zuì dào yǒu mò mà yǒu shí qī yī
莫饮卯时[1]酒，昏昏醉到酉。莫骂酉时[2]妻，一
yè shòu gū qī
夜受孤凄。

zhòng má dé má zhòng dòu dé dòu tiān wǎng huī huī shū ér bù lòu
种麻得麻，种豆得豆。天网恢恢，疏而不漏。
jiàn guān mò xiàng qián zuò kè mò zài hòu nìng tiān yī dǒu mò tiān yī kǒu
见官莫向前，做客莫在后。宁添一斗，莫添一口[3]。
táng láng bǔ chán qǐ zhī huáng què zài hòu bù qiú jīn yù chóng chóng guì dàn
螳螂捕蝉，岂知黄雀在后[4]。不求金玉重重贵，但
yuàn ér sūn gè gè xián
愿儿孙个个贤。

yī rì fū qī bǎi shì yīn yuán bǎi shì xiū lái tóng chuán dù qiān shì
一日夫妻，百世姻缘。百世修来同船渡，千世
xiū lái gòng zhěn mián
修来共枕眠。

shā rén yī wàn zì sǔn sān qiān shāng rén yī yǔ lì rú dāo gē
杀人一万，自损三千。伤人一语，利如刀割。

kū mù féng chūn yóu zài fā rén wú liǎng dù zài shào nián wèi wǎn xiān
枯木逢春犹[5]再发，人无两度再少年。未晚先
tóu sù jī míng zǎo kàn tiān
投宿，鸡鸣早看天。

jiàng xiàng xiōng qián kān zǒu mǎ gōng hóu dù nèi hǎo chēng chuán
将相胸前堪走马，公侯肚内好撑船。

fù rén sī lái nián qióng rén sī yǎn qián shì shàng ruò yào rén qíng hǎo
富人思来年，穷人思眼前。世上若要人情好，

---

①卯时：上午五点到七点。 ②酉时：下午五点到七点。 ③宁添一斗，莫添一口：宁可每天都添一斗粮，也不要添一个每天都要吃粮的人。 ④螳螂捕蝉，岂知黄雀在后：比喻只见眼前利益而不顾后患。 ⑤犹：还能。

shē qù wù jiàn mò qǔ qián sǐ shēng yǒu mìng fù guì zài tiān

赊去物件莫取钱。死生有命，富贵在天①。

jī shí yuán yǒu huǒ bù jī nǎi wú yān wéi xué shǐ zhī dào bù

击石②原有火，不击乃无烟。为学始知道③，不

xué yì wǎng rán mò xiào tā rén lǎo zhōng xū huán dào lǎo dàn néng yī běn

学亦枉然。莫笑他人老，终须还到老。但能依本

fèn zhōng xū wú fán nǎo

分，终须无烦恼。

jūn zǐ ài cái qǔ zhī yǒu dào zhēn fù ài sè nà zhī

君子爱财，取之有道④。贞妇爱色⑤，纳之

yǐ lǐ

以礼。

shàn yǒu shàn bào è yǒu è bào bù shì bù bào rì zi wèi dào

善有善报，恶有恶报。不是不报，日子未到。

rén ér wú xìn bù zhī qí kě yě

人而无信，不知其可也。

yī rén dào hǎo qiān rén chuán shí fán shì yào hǎo xū wèn sān lǎo

一人道好，千人传实。凡事要好，须问三老⑥。

ruò zhēng xiǎo kě biàn shī dà dào nián nián fáng jī yè yè fáng dào

若争小可⑦，便失大道。年年防饥，夜夜防盗。

hào xué zhě rú hé rú dào bù hào xué zhě rú hāo rú cǎo

好学者如禾如稻，不好学者如蒿⑧如草。

yù yǐn jiǔ shí xū yǐn jiǔ dé gāo gē chù qiě gāo gē

遇饮酒时须饮酒，得高歌处且高歌。

---

①死生有命，富贵在天：语出《论语·颜渊》。意思是人的生死都是命中注定，能不能富贵全在于上天。 ②石：燧石，中国古代常用一小块燧石和一把金属的火镰击打取火。 ③道：道理。 ④君子爱财，取之有道：意谓君子用正当的手段去取得财物。 ⑤色：美貌。 ⑥三老：古代掌教化之官。乡、县、郡均曾先后设置。 ⑦小可：寻常，一般，这里指小是小非。 ⑧蒿：一种野生草本植物。

yīn fēng chuī huǒ yòng lì bù duō bù yīn yú fū yǐn zěn de jiàn
因[1]风吹火，用力不多。不因渔夫引，怎得见
bō tāo
波涛。

wú qiú dào chù rén qíng hǎo bù yǐn cóng tā jiǔ jià gāo zhī shì shǎo
无求到处人情好，不饮从他[2]酒价高。知事少
shí fán nǎo shǎo shí rén duō chù shì fēi duō rù shān bù pà shāng rén hǔ zhǐ
时烦恼少，识人多处是非多。入山不怕伤人虎，只
pà rén qíng liǎng miàn dāo qiáng zhōng gèng yǒu qiáng zhōng shǒu è rén xū yòng è rén
怕人情两面刀。强中更有强中手，恶人须用恶人
mó huì shǐ bù zài jiā háo fù fēng liú bù yòng zhuó yī duō
磨。会使[3]不在家豪富，风流不用着衣多。

guāng yīn sì jiàn rì yuè rú suō tiān shí bù rú dì lì dì lì bù
光阴似箭，日月如梭。天时不如地利，地利不
rú rén hé huáng jīn wèi wéi guì ān lè zhí qián duō
如人和。黄金未为贵，安乐值钱多。

shì shàng wàn bān jiē xià pǐn sī liàng wéi yǒu dú shū gāo shì jiān
世上万般皆下品[4]，思量[5]唯有读书高。世间
hǎo yǔ shū shuō jìn tiān xià míng shān sēng zhàn duō
好语书说尽，天下名山僧占多。

wéi shàn zuì lè wéi è nán táo yáng yǒu guì rǔ zhī ēn yā yǒu
为善最乐，为恶难逃[6]。羊有跪乳[7]之恩，鸦有
fǎn bǔ zhī yì
反哺[8]之义。

---

①因：凭借。 ②从他：任他，随便他。 ③会使：犹言会算计、计划。 ④下品：泛指事物的最低等级。 ⑤思量：仔细想，考虑。 ⑥为恶难逃：意思是做恶难逃公理法度。 ⑦跪乳：羊羔吃奶的时候，前腿跪在地上。 ⑧反哺：乌鸦长大后，会反过来给父母衔食。

nǐ jí tā wèi jí rén xián xīn bù xián yǐn è yáng shàn zhí qí
你急他未急，人闲心不闲。隐恶扬善，执其
liǎng duān
两端[①]。

qī xián fū huò shǎo zǐ xiào fù xīn kuān
妻贤夫祸少，子孝父心宽。

jì duò fǔ zèng fǎn gù wú yì fān fù zhī shuǐ shōu zhī shí nán
既堕釜甑[②]，反顾无益。翻覆之水，收之实难。

rén shēng zhī zú hé shí zú rén lǎo tōu xián qiě shì xián dàn yǒu lǜ
人生知足何时足，人老偷闲且是闲。但有绿
yáng kān jì mǎ chù chù yǒu lù tōng cháng ān
杨堪系马，处处有路通长安。

jiàn zhě yì xué zhě nán mò jiāng róng yì dé biàn zuò děng xián
见[③]者易，学者难。莫将容易得，便作等闲[④]
kàn yòng xīn jì jiào bān bān cuò tuì bù sī liàng shì shì nán
看。用心计较般般[⑤]错，退步思量事事难。

dào lù gè bié yǎng jiā yī bān cóng jiǎn rù shē yì cóng shē rù
道路各别，养家一般[⑥]。从俭入奢易，从奢入
jiǎn nán
俭难。

zhī yīn shuō yǔ zhī yīn tīng bù shì zhī yīn mò yǔ tán
知音说与知音听，不是知音莫与弹。

diǎn shí huà wéi jīn rén xīn yóu wèi zú xìn le dù mài
点石[⑦]化为金，人心犹未足。信了肚[⑧]，卖

---

①隐恶扬善，执其两端：语出《中庸》。意思是隐藏别人的坏处，宣扬别人的好处，避免过与不及的状态，而采取中庸之道。 ②既堕釜甑：釜甑已经掉到地上。既，已经。堕，坠落。釜甑，古代用来做饭的炊具。 ③见：看上去。 ④等闲：轻易，随便。 ⑤般般：件件，每一件。 ⑥一般：一样，同样。 ⑦点石：相传古代有用手指点石成金的法术。 ⑧信了肚：顺从饮食之欲。

le wū
了屋。

tā rén nì nì bù shè nǐ mù tā rén lù lù bù shè
他人睨睨[1]，不涉[2]你目。他人碌碌[3]，不涉
nǐ zú
你足。

shéi rén bù ài zǐ sūn xián shéi rén bù ài qiān zhōng sù mò bǎ zhēn
谁人不爱子孙贤，谁人不爱千钟粟。莫把真
xīn kōng jì jiào wǔ xíng bù shì zhè tí mù
心空计较，五行不是这题目。

yǔ rén bù hé quàn rén yǎng é yǔ rén bù mù quàn rén jià
与人不和，劝人养鹅[4]。与人不睦，劝人架
wū dàn xíng hǎo shì mò wèn qián chéng
屋[5]。但行好事，莫问前程。

hé xiá shuǐ jí rén jí jì shēng míng zhī shān yǒu hǔ mò xiàng hǔ shān
河狭水急，人急计生。明知山有虎，莫向虎山
xíng lù bù xíng bù dào shì bù wéi bù chéng rén bù quàn bù shàn zhōng bù
行。路不行不到，事不为不成。人不劝[6]不善，钟不
dǎ bù míng
打不鸣。

wú qián fāng duàn jiǔ lín lǎo shǐ kàn jīng diǎn tǎ qī céng bù rú
无钱方断酒，临老始看经[7]。点塔[8]七层，不如
àn chù yī dēng
暗处一灯。

①睨睨：斜着眼睛看。 ②涉：干涉。 ③碌碌：平庸的样子。 ④养鹅：养鹅更能体会争吵的烦恼。 ⑤架屋：架屋非一人所能完成，需要沟通协作。 ⑥劝：劝诫，讽劝。 ⑦临老始看经：到了老年才开始读诵佛经。临，临近，将要。经，佛经。 ⑧点塔：佛教徒为了表示虔诚，在佛塔上点灯供奉。

wàn shì quàn rén xiū mán mèi jǔ tóu sān chǐ yǒu shén míng dàn cún fāng
万事劝人休瞒昧，举头三尺有神明。但存方
cùn tǔ liú yǔ zǐ sūn gēng miè què xīn tóu huǒ tī qǐ fó qián dēng
寸土，留与子孙耕①。灭却心头火，剔起佛前灯②。
xīng xīng cháng bù zú měng měng zuò gōng qīng zhòng xīng lǎng lǎng bù rú
惺惺③常不足，懵懵④作公卿。众星朗朗，不如
gū yuè dú míng
孤月独明。

xiōng dì xiāng hài bù rú zì shēng hé lǐ kě zuò xiǎo lì mò zhēng
兄弟相害，不如自生。合理可作，小利莫争。

mǔ dān huā hǎo kōng rù mù zǎo huā suī xiǎo jiē shí chéng
牡丹花好空入目，枣花虽小结实成。

qī lǎo mò qī xiǎo qī rén xīn bù míng
欺老莫欺小，欺人心不明⑤。

suí fèn gēng chú shōu dì lì tā shí bǎo mǎn xiè cāng tiān
随分耕锄收地利⑥，他时饱满谢苍天。

dé rěn qiě rěn dé nài qiě nài bù rěn bù nài xiǎo shì chéng dà
得忍且忍，得耐且耐。不忍不耐，小事成大。

xiāng lùn chěng yīng xióng jiā jì jiàn jiàn tuì xián fù lìng fū guì è
相论⑦逞英雄，家计渐渐退。贤妇令夫贵，恶
fù lìng fū bài yī rén yǒu qìng zhào mín xián lài
妇令夫败。一人有庆，兆民咸赖⑧。

rén lǎo xīn wèi lǎo rén qióng zhì mò qióng rén wú qiān rì hǎo huā wú
人老心未老，人穷志莫穷。人无千日好，花无

①但存方寸土，留与子孙耕：留点方寸大的土地，让子孙耕种。意思是要积善行德，为子孙后代留下一片善心。②剔起佛前灯：除去佛前灯已烧成灰的部分的灯芯，使灯明亮起来。剔，剔除，除去。③惺惺：聪明，有才智。④懵懵：愚昧，糊涂。⑤不明：不明事理。⑥随分：做自己能做的，尽力去做。地利：收成。⑦相论：互相攀比，争斗。⑧一人有庆，兆民咸赖：语出《孝经·天子章第二》。意思是天子善良优秀，民众就可以获得长久的安宁。

bǎi rì hóng
百日红。

shā rén kě shù qíng lǐ nán róng
杀人可恕，情理难容。

zhà fù bù zhī xīn shòu yòng zhà pín nán gǎi jiù jiā fēng zuò shàng kè cháng mǎn zūn zhōng jiǔ bù kōng wū lòu gèng zāo lián nián yǔ xíng chuán yòu yù dǎ tóu fēng sǔn yīn luò tuò fāng chéng zhú yú wèi bēn bō shǐ huà lóng
乍①富不知新受用，乍贫难改旧家风。座上客常满，樽中酒不空②。屋漏更遭连年雨，行船又遇打头风。笋因落箨③方成竹，鱼为奔波④始化龙。

jì dé shào nián qí zhú mǎ kàn kàn yòu shì bái tóu wēng
记得少年骑竹马，看看又是白头翁。

lǐ yì shēng yú fù zú dào zéi chū yú pín qióng
礼义生于富足，盗贼出于贫穷。

tiān shàng zhòng xīng jiē gǒng běi shì jiān wú shuǐ bù cháo dōng
天上众星皆拱北⑤，世间无水不朝东。

jūn zǐ ān pín dá rén zhī mìng
君子安贫，达人知命。

zhōng yán nì ěr lì yú xíng liáng yào kǔ kǒu lì yú bìng shùn tiān zhě cún nì tiān zhě wáng rén wèi cái sǐ niǎo wèi shí wáng
忠言逆耳利于行，良药苦口利于病。顺天者存，逆天者亡。人为财死，鸟为食亡。

fū qī xiāng hé hǎo qín sè yǔ shēng huáng yǒu ér pín bù jiǔ wú
夫妻相合好，琴瑟与笙簧⑥。有儿贫不久，无

①乍：刚刚。 ②座上客常满，樽中酒不空：比喻结交朋友广泛。 ③箨：笋壳。 ④奔波：奔腾于波浪。 ⑤拱北：古人认为，天上的星星都是围绕着北极星旋转，故称拱北。 ⑥琴瑟与笙簧：皆为乐器名。琴瑟、笙簧同时弹奏，声音和谐，比喻夫妻和美。

zǐ fù bù cháng
子富不长。

shàn bì shòu lǎo è bì zǎo wáng shuǎng kǒu shí duō piān zuò bìng kuài
善必寿老①，恶必早亡。爽口食②多偏作病，快
xīn shì guò kǒng shēng yāng
心事③过恐生殃。

fù guì dìng yào yī běn fèn pín qióng bù bì wǎng sī liàng huà shuǐ wú
富贵定要依本分，贫穷不必枉思量。画水无
fēng kōng zuò làng xiù huā suī hǎo bù wén xiāng tān tā yī dǒu mǐ shī què bàn
风空作浪，绣花虽好不闻香。贪他一斗米，失却半
nián liáng zhēng tā yī jiǎo tún fǎn shī yī zhǒu yáng
年粮。争他一脚豚④，反失一肘羊⑤。

lóng guī wǎn dòng yún yóu shī shè guò chūn shān cǎo mù xiāng
龙归晚洞云犹湿，麝⑥过春山草木香。

píng shēng zhǐ huì liáng rén duǎn hé bù huí tóu bǎ jǐ liáng jiàn shàn rú
平生只会量人短，何不回头把己量？见善如
bù jí jiàn è rú tàn tāng
不及，见恶如探汤⑦。

rén qióng zhì duǎn mǎ shòu máo cháng zì jiā xīn lǐ jí tā rén wèi zhī
人穷志短，马瘦毛长。自家心里急，他人未知
máng pín wú dá shì jiāng jīn zèng bìng yǒu gāo rén shuō yào fāng
忙。贫无达士将金赠，病有高人说药方。

chù lái mò yǔ shuō shì guò xīn qīng liáng qiū zhì mǎn shān duō xiù
触⑧来莫与说，事过心清凉。秋至满山多秀

---

①寿老：长寿。②爽口食：美味可口的食物。③快心事：称心如意之事。④一脚豚：小猪的一只脚。⑤一肘羊：羊的一个肘子。⑥麝：鹿的一种，腹部有香腺，发出香气，香腺分泌出的麝香，为名贵香料。⑦见善如不及，见恶如探汤：语出《论语·季氏》。意思是看见善的怕自己赶不上，看见邪恶如同把手伸进开水中，就怕避不开。⑧触：抵触，触犯。

sè chūn lái wú chù bù huā xiāng
色，春来无处不花香。

fán rén bù kě mào xiàng hǎi shuǐ bù kě dǒu liáng qīng qīng zhī shuǐ wéi
凡人不可貌相，海水不可斗量。清清之水，为
tǔ suǒ fáng jǐ jǐ zhī shì wéi jiǔ suǒ shāng hāo cǎo zhī xià huò yǒu lán
土所防。济济之士，为酒所伤。蒿草之下，或有兰
xiāng máo cí zhī wū huò yǒu hóu wáng wú xiàn zhū mén shēng è piǎo jǐ duō
香。茅茨之屋，或有侯王。无限朱门生饿殍[①]，几多
bái wū chū gōng qīng
白屋[②]出公卿。

zuì hòu qián kūn dà hú zhōng rì yuè cháng wàn shì jiē yǐ dìng fú
醉后乾坤大，壶中日月[③]长。万事皆已定，浮
shēng kōng zì máng
生空自忙。

qiān lǐ sòng háo máo lǐ qīng rén yì zhòng
千里送毫毛，礼轻仁义重。

shì shì míng rú jìng qián chéng àn sì qī guāng yīn huáng jīn nán mǎi yī
世事明如镜，前程暗似漆。光阴黄金难买，一
shì rú jū guò xì
世如驹[④]过隙。

liáng tián wàn qǐng rì shí yī shēng dà shà qiān jiān yè mián bā chǐ
良田万顷，日食一升。大厦千间，夜眠八尺。
qiān jīng wàn diǎn xiào tì wéi xiān
千经万典，孝悌为先。

yī zì rù gōng mén jiǔ niú tuō bù chū yá mén bā zì kāi yǒu
一字入公门[⑤]，九牛拖不出。衙门八字开，有

---

①朱门：漆成红色的门，借指旧时豪门贵族。饿殍：饿死的人。 ②白屋：用茅草覆盖的房屋，指贫苦百姓的住所。 ③壶中日月：形容道家悠闲清净的无为生活。 ④驹：少壮的马。 ⑤一字：只有一个字的状纸。公门：衙门，指打官司。

lǐ wú qián mò jìn lái
理无钱莫进来。

fù cóng shēng hé qǐ pín yīn bù suàn lái jiā zhōng wú cái zǐ guān cóng hé chù lái
富从升合[1]起，贫因不算来。家中无才子，官从何处来？

wàn shì bù yóu rén jì jiào yī shēng dōu shì mìng ān pái jí xíng màn xíng qián chéng zhǐ yǒu duō shǎo lù
万事不由人计较，一生都是命安排。急行慢行，前程只有多少路。

rén jiān sī yǔ tiān wén ruò léi àn shì kuī xīn shén mù rú diàn yī háo zhī è quàn rén mò zuò yī háo zhī shàn yǔ rén fāng biàn qī rén shì huò ráo rén shì fú tiān wǎng huī huī bào yìng shèn sù shèng xián yán yǔ shén qīn guǐ fú
人间私语，天闻若雷。暗室亏心，神目如电。一毫之恶，劝人莫作。一毫之善，与人方便。欺人是祸，饶人是福。天网恢恢，报应甚速。圣贤言语，神钦鬼服。

rén gè yǒu xīn xīn gè yǒu jiàn kǒu shuō bù rú shēn féng ěr wén bù rú mù jiàn
人各有心，心各有见。口说不如身逢，耳闻不如目见。

yǎng jūn qiān rì yòng zài yī zhāo guó qīng cái zǐ guì jiā fù xiǎo ér jiāo
养军千日，用在一朝。国清才子贵，家富小儿骄。

---

①合：计量单位，十合等于一升。

lì dāo gē tǐ hén yì hé è yǔ shāng rén hèn bù xiāo gōng dào shì
利刀割体痕易合，恶语伤人恨不消。公道世
jiān wéi bái fà guì rén tóu shàng bù céng ráo
间唯白发，贵人头上不曾饶。

yǒu qián kān chū zhòng wú yī lǎn chū mén wéi guān xū zuò xiàng jí
有钱堪出众，无衣懒出门。为官须作相，及
dì bì zhēng xiān
第[①]必争先。

xián shí bù shāo xiāng jí shí bào fó jiǎo xìng shēng tài píng wú shì rì
闲时不烧香，急时抱佛脚。幸生太平无事日，
kǒng féng nián lǎo bù duō shí guó luàn sī liáng jiàng jiā pín sī xián qī chí táng
恐逢年老不多时。国乱思良将，家贫思贤妻。池塘
jī shuǐ xū fáng hàn tián dì qín gēng zú yǎng jiā gēn shēn bù pà fēng yáo dòng
积水须防旱，田地勤耕足养家。根深不怕风摇动，
shù zhèng wú chóu yuè yǐng xié
树正无愁月影斜。

fèng quàn jūn zǐ gè yí shǒu jǐ zhǐ cǐ chéng shì wàn wú yī shī
奉劝君子，各宜守己。只此程式[②]，万无一失。

---

①及第：科举考试考中。 ②程式：指《增广贤文》提出的各种准则。

格言联璧

金　缨

xué wèn lèi

学问类

gǔ jīn lái xǔ duō shì jiā wú fēi jī dé tiān dì jiān dì yī rén pǐn hái shì dú shū

古今来许多世家[1]，无非积德；天地间第一[2]人品，还是读书。

dú shū jí wèi chéng míng jiū jìng rén gāo pǐn yǎ xiū dé bù qī huò bào zì rán mèng wěn xīn ān

读书即未成名，究竟[3]人高品雅；修德不期[4]获报，自然梦稳[5]心安。

wéi shàn zuì lè dú shū gèng jiā

为善最乐，读书更佳。

zhū jūn dào cǐ hé wéi qǐ tú xué wèn wén zhāng shàn yī yì wēi cháng biàn suàn dú shū zhǒng zi

诸君到此何为？岂徒学问文章，擅一艺微长，便算读书种子？

zài wǒ suǒ qiú yì shù bù guò zǐ chén dì yǒu jìn wǔ lún běn fèn gòng chéng míng jiào zhōng rén

在我所求亦恕，不过子臣弟友，尽五伦[6]本分，共成名教中人。

---

①世家：世禄之家，泛指世代显贵的家族。 ②第一：犹言最好、最高尚。 ③究竟：毕竟，到底。 ④不期：不希望。 ⑤梦稳：睡觉安稳。 ⑥五伦：传统社会中的人伦纲纪，即父子有亲、君臣有义、夫妇有别、长幼有序、朋友有信。

cōng míng yòng yú zhèng lù　yù cōng míng yù hǎo　ér wén xué gōng míng　yì
聪明用于正路，愈聪明愈好，而文学功名①益
chéng qí měi　cōng míng yòng yú xié lù　yù cōng míng yù miù　ér wén xué gōng
成其美；聪明用于邪路，愈聪明愈谬②，而文学功
míng shì jì qí jiān
名适济③其奸。

zhàn suī yǒu zhèn　ér yǒng wéi běn　jì suī yǒu lǐ　ér āi wéi běn
战虽有阵，而勇为本。祭虽有礼，而哀为本。
shì suī yǒu xué　ér xíng wéi běn
士虽有学，而行为本。

piāo fēng bù kě yǐ tiáo gōng shāng　qiǎo fù bù kě yǐ zhǔ zhōng kuì
飘风不可以调宫商④，巧妇不可以主中馈⑤，
wén zhāng zhī shì bù kě yǐ zhì guó jiā
文章之士不可以治国家。

jīng jì chū zì xué wèn　jīng jì fāng yǒu běn yuán　xīn xìng jiàn zhī shì
经济出自学问，经济方有本源。心性见之事
gōng　xīn xìng fāng wéi yuán mǎn　shě shì gōng gèng wú xué wèn　qiú xìng dào bù wài
功，心性方为圆满。舍事功更无学问，求性道不外
wén zhāng
文章。

hé wèi　zhì xíng　yuē　yōng xíng　hé wèi　dà rén　yuē
何谓“至行”，曰“庸行”。何谓“大人”，曰
xiǎo xīn　hé yǐ　shàng dá　yuē　xià xué　hé yǐ　yuǎn dào
“小心”。何以“上达”，曰“下学”。何以“远到”，
yuē　jìn sī
曰“近思”。

---

①文学功名：指才识地位。 ②谬：差错。 ③济：助长。 ④飘风：旋风。宫商：古代宫、商、角、徵、羽五音。 ⑤中馈：指家中膳食等事，代指妇女本职。

jié zhōng jìn xiào wèi zhī rén zhì guó jīng bāng wèi zhī xué ān wēi
竭忠尽孝，谓之人。治国经邦，谓之学。安危
dìng biàn wèi zhī cái jīng tiān wěi dì wèi zhī wén jì yuè guāng fēng
定变[1]，谓之才。经天纬地，谓之文。霁月光风[2]，
wèi zhī dù wàn wù yī tǐ wèi zhī rén
谓之度。万物一体，谓之仁。

yǐ xīn shù wéi běn gēn yǐ lún lǐ wéi zhēn gàn yǐ xué wèn wéi
以心术[3]为本根，以伦理为桢干[4]，以学问为
zī shē yǐ wén zhāng wéi huā è yǐ shì yè wéi jiē shí yǐ shū shǐ wéi
菑畲[5]，以文章为花萼，以事业为结实，以书史为
yuán lín yǐ gē yǒng wéi gǔ chuī yǐ yì lǐ wéi gāo liáng yǐ zhù shù wéi
园林，以歌咏为鼓吹[6]，以义理为膏粱[7]，以著述为
wén xiù yǐ sòng dú wéi gēng yún yǐ jì wèn wéi jū jī yǐ qián yán wǎng xíng
文绣，以诵读为耕耘，以记问为居积，以前言往行
wéi shī yǒu yǐ zhōng xìn dǔ jìng wéi xiū chí yǐ zuò shàn jiàng xiáng wéi shòu yòng
为师友，以忠信笃敬为修持，以作善降祥为受用，
yǐ lè tiān zhī mìng wéi yī guī
以乐天知命为依归。

lǐn xián jū yǐ tǐ dú bǔ dòng niàn yǐ zhī jī jǐn wēi yí yǐ
凛闲居以体独[8]，卜动念以知几[9]，谨威仪以
dìng mìng dūn dà lún yǐ níng dào bèi bǎi xíng yǐ kǎo dé qiān shàn gǎi guò
定命，敦大伦以凝道[10]，备百行以考德[11]，迁善改过
yǐ zuò shèng
以作圣。

---

①安危定变：化险为夷，处变不惊。 ②霁月光风：比喻心胸光明坦荡。 ③心术：指人运用心思的方法。 ④桢干：原指筑墙所用的木柱，竖在两端的叫桢，竖在两旁的叫干。比喻能担当重任的人才。 ⑤菑畲：田地。 ⑥鼓吹：代指音乐。 ⑦膏粱：比喻珍馐美味。 ⑧凛：敬畏。闲居：不问世事，闲静居坐。 ⑨几：先兆。 ⑩敦：精审躬亲。凝道：成理。 ⑪百行：多方面的品行。考：成。

shōu wú běn xīn zài qiāng zi lǐ shì shèng xián dì yī děng xué wèn jìn
收吾本心①在腔子里，是圣贤第一等学问；尽
wú běn fèn zài sù wèi zhōng shì shèng xián dì yī děng gōng fū
吾本分在素位②中，是圣贤第一等工夫。

wàn lǐ chéng chè zé yī xīn yù jīng ér yù jǐn yī xīn níng jù
万理澄澈，则一心愈精而愈谨；一心凝聚，
zé wàn lǐ yù tōng ér yù liú
则万理愈通而愈流。

yǔ zhòu nèi shì nǎi jǐ fèn nèi shì jǐ fèn nèi shì nǎi yǔ zhòu
宇宙内事，乃己分内事；己分内事，乃宇宙
nèi shì
内事。

shēn zài tiān dì hòu xīn zài tiān dì qián shēn zài wàn wù zhōng xīn zài
身在天地后，心在天地前。身在万物中，心在
wàn wù shàng
万物上。

guān tiān dì shēng wù qì xiàng xué shèng xián kè jǐ gōng fū
观天地生物气象，学圣贤克己工夫。

xià shǒu chù shì zì qiáng bù xī chéng jiù chù shì zhì chéng wú xī
下手处是自强不息，成就处是至诚无息。

yǐ shèng xián zhī dào jiāo rén yì yǐ shèng xián zhī dào zhì jǐ nán yǐ
以圣贤之道教人易，以圣贤之道治己难。以
shèng xián zhī dào chū kǒu yì yǐ shèng xián zhī dào gōng xíng nán yǐ shèng xián zhī
圣贤之道出口易，以圣贤之道躬行难。以圣贤之
dào fèn shǐ yì yǐ shèng xián zhī dào kè zhōng nán
道奋始易，以圣贤之道克终难。

①本心：良心。 ②素位：素常所在的位子，即做好分内之事。

shèng xián xué wèn shì yī tào xíng wáng dào bì běn tiān dé hòu shì
圣贤学问是一套，行王道[1]必本天德。后世
xué wèn shì liǎng jié bù xiū jǐ zhǐ guǎn zhì rén
学问是两截[2]，不修己只管治人。

kǒu lǐ yī zhōu xīn zhōng dào zhí zé rén ér bù zé jǐ míng
口里伊周[3]，心中盗跖[4]，责人而不责己，名
wéi guà bǎng shèng xián dú lǐn míng dàn yōu wèi guǐ shén zhī rén ér fù zhī
为挂榜[5]圣贤；独凛明旦，幽畏鬼神，知人而复知
tiān fāng shì yǒu gēn xué wèn
天，方是有根学问。

wú gēn běn de qì jié rú jiǔ hàn ōu rén zuì shí yǒng xǐng lái tuì
无根本底气节，如酒汉殴人，醉时勇，醒来退
xiāo wú fēn háo qì lì wú xué wèn de shí jiàn rú páo rén yáng zào
消，无分毫气力；无学问底识见，如庖人炀灶[6]，
miàn qián míng bèi hòu zuǒ yòu wú yī xiē zhào gù
面前明，背后左右，无一些照顾。

lǐ yǐ xīn dé wéi jīng gù dāng chén qián bù rán ěr biān kǒu tóu
理以心得为精，故当沉潜[7]，不然，耳边口头
yě shì yǐ diǎn gù wéi jù gù dāng bó qià bù rán yì shuō dù zhuàn
也。事以典故为据，故当博洽[8]，不然，臆说杜撰
yě zhǐ yǒu yī háo cū shū chù biàn rèn lǐ bù zhēn suǒ yǐ shuō wéi jīng
也。只有一毫粗疏处，便认理不真，所以说惟精。
bù rán zhòng lùn xiáo zhī ér bì yí zhǐ yǒu yī háo èr sān xīn biàn shǒu lǐ
不然，众论淆之而必疑。只有一毫二三心，便守理

①王道：儒家主张以仁义治理天下，即王道。 ②两截：割裂，断开。 ③伊周：伊尹、周公。商周时的贤人。 ④盗跖：春秋末期著名盗贼。 ⑤挂榜：口头标榜。 ⑥炀灶：在灶前烤火。 ⑦沉潜：柔德，有内涵而不外露。 ⑧博洽：知识广博。

bù dìng suǒ yǐ shuō wéi yī bù rán lì hài lín zhī ér bì biàn
不定，所以说惟一。不然，利害临之而必变。

jiē rén yào hé zhōng yǒu jiè chǔ shì yào jīng zhōng yǒu guǒ rèn lǐ yào zhèng zhōng yǒu tōng
接人要和中有介①，处事要精中有果，认理要正中有通。

zài gǔ rén zhī hòu yì gǔ rén zhī shī zé yì chǔ gǔ rén zhī wèi wéi gǔ rén zhī shì zé nán
在古人之后，议古人之失则易；处古人之位，为古人之事则难。

gǔ zhī xué zhě dé yī shàn yán fù yú qí shēn jīn zhī xué zhě dé yī shàn yán wù yǐ yuè rén
古之学者，得一善言，附于其身②；今之学者，得一善言，务③以悦人。

gǔ zhī jūn zǐ bìng qí wú néng yě xué zhī jīn zhī jūn zǐ chǐ qí wú néng yě huì zhī
古之君子，病④其无能也，学之；今之君子，耻其无能也，讳之。

yǎn jiè yào kuò biàn lì míng shān dà chuān dù liàng yào hóng shú dú wǔ jīng zhū shǐ
眼界要阔，遍历名山大川；度量要宏，熟读五经诸史。

xiān dú jīng hòu dú shǐ zé lùn shì bù miù yú shèng xián jì dú shǐ fù dú jīng zé guān shū bù tú wèi zhāng jù
先读经，后读史，则论事不谬⑤于圣贤；既读史，复读经，则观书不徒为章句。

①介：界限，指原则。 ②附于其身：根据自身实际去身体力行。 ③务：追求。 ④病：担心，担忧。 ⑤谬：悖谬。

dú jīng zhuàn zé gēn dǐ hòu kàn shǐ jiàn zé yì lùn wěi guān yún wù
读经传则根底厚，看史鉴则议论伟；观云物[①]
zé yǎn jiè kuān qù shì yù zé xiōng huái jìng
则眼界宽，去嗜欲[②]则胸怀净。

yī tíng zhī nèi zì yǒu zhì lè liù jīng yǐ wài bié wú qí shū
一庭之内，自有至乐；六经[③]以外，别无奇书。

dú wèi jiàn shū rú dé liáng yǒu jiàn yǐ dú shū rú féng gù rén
读未见书，如得良友；见已读书，如逢故人。

hé sī hé lǜ jū xīn dāng rú zhǐ shuǐ wù zhù wù wàng wéi xué
何思何虑[④]，居心当如止水；勿住勿忘[⑤]，为学
dāng rú liú shuǐ
当如流水。

xīn bù yù zá zá zé shén dàng ér bù shōu xīn bù yù láo láo
心不欲杂，杂则神荡[⑥]而不收；心不欲劳，劳
zé shén pí ér bù rù
则神疲而不入。

xīn shèn zá yù zé yǒu yú líng mù shèn zá guān zé yǒu
心慎杂欲，则有余灵[⑦]；目慎杂观，则有
yú míng
余明[⑧]。

àn shàng bù kě duō shū xīn zhōng bù kě shǎo shū
案上不可多书，心中不可少书。

yú lí shuǐ zé lín kū xīn lí shū zé shén suǒ
鱼离水则鳞枯，心离书则神索[⑨]。

①云物：景物。 ②嗜欲：欲望。 ③六经：《诗》《书》《礼》《易》《乐》《春秋》六部儒家经典的合称。 ④何思何虑：无思无虑。 ⑤勿住勿忘：不要急于求成，也不要完全忘记。 ⑥荡：动荡，即心神不宁。 ⑦余灵：指精神充沛。 ⑧余明：指目光敏锐。 ⑨神索：心力衰退，思维枯竭。

zhì zhī suǒ qū wú yuǎn wù jiè qióng shān jù hǎi bù néng xiàn
志之所趋，无远勿届①，穷山距②海，不能限
yě zhì zhī suǒ xiàng wú jiān bù rù ruì bīng jīng jiǎ bù néng yù yě
也。志之所向，无坚不入，锐兵精甲，不能御也。

bǎ yì niàn chén qián de xià hé lǐ bù kě dé bǎ zhì qì fèn fā
把意念沉潜得下，何理不可得？把志气奋发
de qǐ hé shì bù kě zuò
得起，何事不可做？

bù xū xīn biàn rú yǐ shuǐ wò shí yī háo jìn rù bù dé bù
不虚心，便如以水沃石③，一毫进入不得；不
kāi wù biàn rú jiāo zhù gǔ sè yī háo zhuàn dòng bù dé
开悟，便如胶柱鼓瑟④，一毫转动不得。

bù tǐ rèn biàn rú diàn guāng zhào wù yī háo bǎ zhuō bù dé bù
不体认⑤，便如电光照物，一毫把捉不得；不
gōng xíng biàn rú shuǐ xíng dé chē lù xíng dé zhōu yī háo shòu yòng bù dé
躬行，便如水行得车，陆行得舟，一毫受用不得。

dú shū guì néng yí yí nǎi kě yǐ qǐ xìn dú shū zài yǒu jiàn
读书贵能疑，疑乃可以启信⑥；读书在有渐，
jiàn nǎi kè dǐ yǒu chéng
渐乃克底⑦有成。

kàn shū qiú lǐ xū lìng zì jiā xiōng zhōng diǎn tóu yǔ rén tán lǐ
看书求理，须令自家胸中点头；与人谈理，
xū lìng rén jiā xiōng zhōng diǎn tóu
须令人家胸中点头。

ài xī jīng shén liú tā rì dān dāng yǔ zhòu cuō tuó suì yuè wèn
爱惜精神，留他日担当宇宙；蹉跎岁月，问

---

①届：到。 ②距：通“巨”，巨大。 ③以水沃石：用水浇灌石头。 ④胶柱鼓瑟：比喻不懂变通。 ⑤体认：体会，认知。 ⑥启信：引起思考。 ⑦克底：能弄清道理的究竟。克，成。底，底里，即内部的详情。

hé shí bào dá jūn qīn
何时报答君亲？

jiè hào yǐn hào yǐn shāng shén jiè tān sè tān sè miè shén jiè hòu
戒浩饮，浩饮伤神；戒贪色，贪色灭神；戒厚
wèi hòu wèi hūn shén jiè bǎo shí bǎo shí mēn shén jiè duō dòng duō dòng
味[1]，厚味昏神；戒饱食，饱食闷神；戒多动，多动
luàn shén jiè duō yán duō yán sǔn shén jiè duō yōu duō yōu yù shén jiè
乱神；戒多言，多言损神；戒多忧，多忧郁神；戒
duō sī duō sī náo shén jiè jiǔ shuì jiǔ shuì juàn shén jiè jiǔ dú jiǔ
多思，多思挠[2]神；戒久睡，久睡倦神；戒久读，久
dú kǔ shén
读苦神。

---

①厚味：浓味，美味。 ②挠：扰乱。

cún yǎng lèi
存养类

xìng fèn bù kě shǐ bù zú gù qí qǔ shù yě yí duō yuē qióng
性分①不可使不足，故其取数也宜多：曰穷
lǐ yuē jìn xìng yuē dá tiān yuē rù shén yuē zhì guǎng dà jí
理，曰尽性②，曰达天③，曰入神④，曰致广大、极
gāo míng
高明。

qíng yù bù kě shǐ yǒu yú gù qí qǔ shù yě yí shǎo yuē jǐn yán
情欲不可使有余，故其取数也宜少：曰谨言，
yuē shèn xíng yuē yuē jǐ yuē qīng xīn yuē jié yǐn shí guǎ shì yù
曰慎行，曰约己，曰清心，曰节饮食、寡嗜欲。

dà qí xīn róng tiān xià zhī wù xū qí xīn shòu tiān xià zhī shàn
大其心，容天下之物；虚其心，受天下之善；
píng qí xīn lùn tiān xià zhī shì qián qí xīn guān tiān xià zhī lǐ dìng qí
平其心，论天下之事；潜其心，观天下之理；定其
xīn yìng tiān xià zhī biàn
心，应天下之变。

qīng míng yǐ yǎng wú zhī shén zhàn yī yǐ yǎng wú zhī lǜ chén jǐng
清明⑤以养吾之神，湛一⑥以养吾之虑，沉警
yǐ yǎng wú zhī shí gāng dà yǐ yǎng wú zhī qì guǒ duàn yǐ yǎng wú zhī
以养吾之识，刚大⑦以养吾之气，果断以养吾之

---

①性分：人的天性。 ②尽性：充分发挥天性。 ③达天：通晓自然的规律。 ④入神：入于神化，即达到高妙的境界。 ⑤清明：清平，明达。 ⑥湛一：精深，专一。 ⑦刚大：刚强，博大。

cái níng zhòng yǐ yǎng wú zhī dù kuān yù yǐ yǎng wú zhī liàng yán lěng yǐ
才，凝重以养吾之度，宽裕以养吾之量，严冷①以
yǎng wú zhī cāo
养吾之操。

zì jiā yǒu hǎo chù yào yǎn cáng jǐ fēn zhè shì hán yù yǐ
自家有好处，要掩藏几分，这是涵育②以
yǎng shēn bié rén bù hǎo chù yào yǎn cáng jǐ fēn zhè shì hún hòu yǐ
养深。别人不好处，要掩藏几分，这是浑厚③以
yǎng dà
养大。

yǐ xū yǎng xīn yǐ dé yǎng shēn yǐ rén yǎng tiān xià wàn wù yǐ dào
以虚养心，以德养身，以仁养天下万物，以道
yǎng tiān xià wàn shì
养天下万世。

hán yǎng chōng xū biàn shì shēn shì xué wèn shěng chú fán nǎo hé děng
涵养冲虚④，便是身世学问；省除烦恼，何等
xīn xìng ān hé
心性安和！

yán zǐ sì wù yào shōu rù lái xián cún gōng fū zhì wài yǐ yǎng
颜子四勿⑤，要收入来；闲存⑥工夫，制外以养
zhōng yě mèng zǐ sì duān yào kuò chōng qù gé zhì gōng fū tuī jìn yǐ
中也。孟子四端⑦，要扩充去；格致⑧工夫，推近以
jì yuǎn yě
暨远也。

---

①严冷：严谨，冷峻。 ②涵育：涵养，指戒矜躁。 ③浑厚：宽宏。 ④冲虚：恬淡虚静。 ⑤颜子四勿：非礼勿视，非礼勿听，非礼勿言，非礼勿动。颜子，孔子弟子颜渊。 ⑥闲存：闲静存神。 ⑦四端：指仁、义、礼、智四种道德观念。 ⑧格致：格物致知。即考察事物原理法则，进而总结为理性知识。

喜怒哀乐而曰未发，是从人心直溯道心，要他存养；未发而曰喜怒哀乐，是从道心指出人心，要他省察[①]。

存养宜冲粹[②]，近春温；省察宜谨严，近秋肃[③]。

就性情上理会[④]，则曰涵养。就念虑上提撕[⑤]，则曰省察。就气质上销熔[⑥]，则曰克治[⑦]。

一动于欲，欲迷则昏。一任乎气，气偏则戾[⑧]。

人心如谷种，满腔都是生意，物欲锢之而滞矣。然而生意未尝不在也，疏之而已耳。人心如明镜，全体浑是光明，习染薰之而暗矣。然而明体未尝不存也，拭之而已耳。

---

①省察：反省自察。 ②存养：存心养性，儒家的修身方法。冲粹：中正纯和。 ③秋肃：阴冷肃杀。 ④理会：理解，会意。 ⑤念虑：心思，意念。提撕：提醒。 ⑥销熔：熔化。此指化解浮躁之气。 ⑦克治：克制，抵御。 ⑧戾：乖戾，违背情理。

guǒ jué rén sì máng xīn zhōng cháng yǒu yú xián yīn xún rén sì xián
果决人似忙，心中常有余闲；因循[①]人似闲，
xīn zhōng cháng yǒu yú máng
心中常有余忙。

guǎ yù gù jìng yǒu zhǔ zé xū
寡欲故静，有主则虚。

wú yù zhī wèi shèng guǎ yù zhī wèi xián duō yù zhī wèi fán xùn
无欲之谓圣，寡欲之谓贤，多欲之谓凡，徇
yù zhī wèi kuáng
欲[②]之谓狂。

rén zhī xīn xiōng duō yù zé zhǎi guǎ yù zé kuān rén zhī xīn jìng
人之心胸，多欲则窄，寡欲则宽。人之心境，
duō yù zé máng guǎ yù zé xián rén zhī xīn shù duō yù zé xiǎn guǎ yù
多欲则忙，寡欲则闲。人之心术，多欲则险，寡欲
zé píng rén zhī xīn shì duō yù zé yōu guǎ yù zé lè rén zhī xīn
则平。人之心事，多欲则忧，寡欲则乐。人之心
qì duō yù zé něi guǎ yù zé gāng
气，多欲则馁[③]，寡欲则刚。

yí jìng mò yí cóng róng yí jǐn yán yí jiǎn yuē sì zhě qiè jǐ
宜静默，宜从容，宜谨严，宜俭约，四者切己
liáng zhēn jì duō yù jì wàng dòng jì zuò chí jì páng wù sì zhě
良箴[④]。忌多欲，忌妄动，忌坐驰[⑤]，忌旁骛[⑥]，四者
qiè jǐ dà bìng
切己大病。

①因循：拖拉，疲塌。 ②徇欲：即殉欲，为满足私欲而不惜一切。 ③馁：丧气，失去勇气。 ④切己：与自己关系密切重大。良箴：很好的训诫。 ⑤坐驰：谓身形不动而心驰于外。《庄子·人间世》："瞻彼阕者，虚室生白，吉祥止止。夫且不止，是之谓坐驰。" ⑥旁骛：本身之外的追求，非分之想。

cháng cāo cháng cún dé yī héng zì jué wù wàng wù zhù dé yī jiàn zì jué

常操常存，得一恒字诀。勿忘勿助[1]，得一渐字诀。

jìng shǒu cǐ xīn zé xīn dìng liǎn yì qí qì zé qì píng

敬守[2]此心，则心定；敛抑[3]其气，则气平。

rén xìng zhōng bù céng quē yī wù rén xìng shàng bù kě tiān yī wù

人性中不曾缺一物，人性上不可添一物。

jūn zǐ zhī xīn bù shèng qí xiǎo ér qì liàng hán gài yī shì xiǎo rén zhī xīn bù shèng qí dà ér zhì yì jū shǒu yī yú

君子之心不胜其小[4]，而气量[5]涵盖一世；小人之心不胜其大，而志意[6]拘守一隅。

nù shì měng hǔ yù shì shēn yuān

怒是猛虎，欲是深渊。

fèn rú huǒ bù è zé liáo yuán yù rú shuǐ bù è zé tāo tiān

忿如火，不遏则燎原[7]；欲如水，不遏则滔天[8]。

chéng fèn rú cuī shān zhì yù rú tián hè chéng fèn rú jiù huǒ zhì yù rú fáng shuǐ

惩忿如摧山[9]，窒欲如填壑[10]。惩忿如救火[11]，窒欲如防水[12]。

xīn yī sōng sǎn wàn shì bù kě shōu shí xīn yī shū hū wàn shì bù

心一松散，万事不可收拾。心一疏忽，万事不

---

①助：即助长，帮助戒长。 ②敬守：慎重保持，守护。 ③敛抑：收敛抑制，指调节。 ④不胜其小：意谓君子胸怀坦诚，无所私念，故言其小。下文说小人贪欲无度，故言其大。 ⑤气量：气度，容人之量。 ⑥志意：心之所想。 ⑦燎原：大火延烧猛烈。 ⑧滔天：大水弥漫天际。 ⑨摧山：摧毁山脉。 ⑩填壑：填平沟壑。 ⑪救火：此处指如救火一样迅速。 ⑫防水：指如同防止洪水一样警惕。

rù ěr mù xīn yī zhí zhuó wàn shì bù dé zì rán
入耳目。心一执著[1]，万事不得自然。

yī niàn shū hū shì cuò qǐ tóu yī niàn jué liè shì cuò dào dǐ
一念疏忽，是错起头；一念决裂[2]，是错到底。

gǔ zhī xué zhě zài xīn shàng zuò gōng fū gù fā zhī róng mào zé
古之学者，在心上做工夫[3]，故发[4]之容貌，则
wéi shèng dé zhī fú jīn zhī xué zhě zài róng mào shàng zuò gōng fū gù fǎn
为盛德之符[5]；今之学者，在容貌上做工夫，故反
zhī yú xīn zé wéi shí dé zhī bìng
之于心，则为实德之病。

zhǐ shì xīn bù fàng sì biàn wú guò chā zhǐ shì xīn bù dài hū
只是心不放肆[6]，便无过差；只是心不怠忽[7]，
biàn wú yì zhì
便无逸志。

chǔ nì jìng xīn xū yòng kāi tuò fǎ chǔ shùn jìng xīn yào yòng shōu
处逆境心，须用开拓法；处顺境心，要用收
liǎn fǎ
敛法。

shì lù fēng shuāng wú rén liàn xīn zhī jìng yě shì qíng lěng nuǎn wú
世路[8]风霜，吾人炼心之境也。世情冷暖，吾
rén rěn xìng zhī dì yě shì shì diān dǎo wú rén xiū xíng zhī zī yě
人忍性之地也。世事颠倒，吾人修行之资也。

qīng tiān bái rì de jié yì zì àn shì wū lòu zhōng péi lái xuán
青天白日[9]的节义，自暗室屋漏[10]中培来；旋

①执著：专心致志。此处指固执、钻牛角尖。 ②决裂：破裂。 ③做工夫：用功。 ④发：显示。 ⑤盛德：指美好的品德。符：标志。 ⑥放肆：放纵。 ⑦怠忽：懒散、疏忽。 ⑧世路：人生的道路。 ⑨青天白日：蓝天白云，后比喻明显的事情或高洁的品德。 ⑩暗室屋漏：语出《诗经·大雅·抑》："相在尔室，尚不愧于屋漏。"古人称房屋的西北角为屋漏，是安藏神主人所不见之处。不愧屋漏，相当于不愧暗室，都是指人独处时能够光明正大。

qián zhuǎn kūn de jīng lún zì lín shēn lǚ bó chù dé lì
乾转坤的经纶，自临深履薄处得力。

míng yù zì qū rǔ zhōng zhāng dé liàng zì yǐn rěn zhōng dà
名誉自屈辱中彰，德量自隐忍中大。

qiān tuì shì bǎo shēn dì yī fǎ ān xiáng shì chǔ shì dì yī fǎ hán róng shì dài rén dì yī fǎ sǎ tuō shì yǎng xīn dì yī fǎ
谦退是保身第一法，安详是处事第一法，涵容是待人第一法，洒脱是养心第一法。

xǐ lái shí yī jiǎn diǎn nù lái shí yī jiǎn diǎn dài duò shí yī jiǎn diǎn fàng sì shí yī jiǎn diǎn
喜来时，一检点①。怒来时，一检点。怠惰时，一检点。放肆时，一检点。

zì chǔ chāo rán chǔ rén ǎi rán wú shì chéng rán yǒu shì zhǎn rán dé yì dàn rán shī yì tài rán
自处超然②，处人蔼然③；无事澄然④，有事斩然⑤；得意淡然⑥，失意泰然⑦。

jìng néng zhì dòng chén néng zhì fú kuān néng zhì biǎn huǎn néng zhì jí
静能制动，沉能制浮。宽能制褊⑧，缓能制急。

tiān dì jiān zhēn zī wèi wéi jìng zhě néng cháng de chū tiān dì jiān zhēn jī kuò wéi jìng zhě néng kàn de tòu
天地间真滋味，惟静者能尝得出。天地间真机括⑨，惟静者能看得透。

yǒu cái ér xìng huǎn dìng shǔ dà cái yǒu zhì ér qì hé sī wéi dà zhì
有才而性缓，定属大才。有智而气和，斯为大智。

---

①检点：整饬，省察，反思。 ②超然：超脱的样子。 ③蔼然：和气的样子。 ④澄然：沉静的样子。 ⑤斩然：决断的样子。 ⑥淡然：平淡的样子。 ⑦泰然：安然的样子。 ⑧褊：气量狭小。 ⑨机括：弩上发矢的机件。

qì jì shèng xīn jì mǎn cái jì lòu

气忌盛，心忌满，才忌露。

yǒu zuò yòng zhě qì yǔ dìng shì bù fán yǒu zhì huì zhě cái qíng

有作用者，器宇[1]定是不凡；有智慧者，才情[2]

jué rán bù lù

决然不露。

yì cū xìng zào yī shì wú chéng xīn píng qì hé qiān xiáng pián jí

意粗性躁，一事无成。心平气和，千祥骈集[3]。

shì sú fán nǎo chù yào nài de xià shì shì fēn rǎo chù yào xián de

世俗烦恼处，要耐得下。世事纷扰处，要闲得

xià xiōng huái qiān chán chù yào gē de xià jìng dì nóng yàn chù yào dàn de

下。胸怀牵缠处，要割得下。境地浓艳处，要淡得

xià yì qì fèn nù chù yào jiàng de xià

下。意气忿怒处，要降得下。

yǐ hé qì yíng rén zé guāi lì miè yǐ zhèng qì jiē wù zé yāo

以和气迎人，则乖沴[4]灭。以正气接物，则妖

fēn xiāo yǐ hào qì lín shì zé yí wèi shì yǐ jìng qì yǎng shēn zé mèng

氛消。以浩气临事，则疑畏释。以静气养身，则梦

mèi tián

寐恬。

guān cāo cún zài lì hài shí guān jīng lì zài jī pí shí guān dù

观操存，在利害时；观精力，在饥疲时；观度

liàng zài xǐ nù shí guān zhèn dìng zài zhèn jīng shí

量，在喜怒时；观镇定，在震惊时。

dà shì nán shì kàn dān dāng nì jìng shùn jìng kàn jīn dù lín xǐ lín

大事难事看担当，逆境顺境看襟度。临喜临

①器宇：胸襟，器量。 ②才情：才能。 ③骈集：接连不断地集中。 ④乖沴：不和之气，邪气。

nù kàn hán yǎng qún xíng qún zhǐ kàn shí jiàn
怒看涵养，群行群止看识见。

qīng dāng jiǎo zhī yǐ zhòng fú dāng jiǎo zhī yǐ shí biǎn dāng jiǎo zhī yǐ
轻当矫之以重，浮当矫之以实，褊当矫之以
kuān zhí dāng jiǎo zhī yǐ yuán ào dāng jiǎo zhī yǐ qiān sì dāng jiǎo zhī yǐ
宽，执当矫之以圆，傲当矫之以谦，肆当矫之以
jǐn shē dāng jiǎo zhī yǐ jiǎn rěn dāng jiǎo zhī yǐ cí tān dāng jiǎo zhī yǐ
谨，奢当矫之以俭，忍当矫之以慈，贪当矫之以
lián sī dāng jiǎo zhī yǐ gōng fàng yán dāng jiǎo zhī yǐ jiān mò hào dòng dāng
廉，私当矫之以公，放言[①]当矫之以缄默，好动当
jiǎo zhī yǐ zhèn jìng cū shuài dāng jiǎo zhī yǐ xì mì zào jí dāng jiǎo zhī yǐ
矫之以镇静，粗率当矫之以细密，躁急当矫之以
hé huǎn dài duò dāng jiǎo zhī yǐ jīng qín gāng bào dāng jiǎo zhī yǐ wēn róu qiǎn
和缓，怠惰当矫之以精勤，刚暴当矫之以温柔，浅
lù dāng jiǎo zhī yǐ chén qián xī kè dāng jiǎo zhī yǐ hún hòu
露当矫之以沉潜，溪刻[②]当矫之以浑厚。

①放言：放肆其言。 ②溪刻：苛刻，刻薄。

chí gōng lèi

持躬类

cōng míng ruì zhì shǒu zhī yǐ yú gōng bèi tiān xià shǒu zhī yǐ ràng yǒng lì zhèn shì shǒu zhī yǐ qiè fù yǒu sì hǎi shǒu zhī yǐ qiān

聪明睿知①，守之以愚。功被②天下，守之以让。勇力振世，守之以怯。富有四海，守之以谦。

bù yǔ jū jī rén zhēng fù bù yǔ jìn qǔ rén zhēng guì bù yǔ jīn shì rén zhēng míng bù yǔ shào nián rén zhēng yīng jùn bù yǔ shèng qì rén zhēng shì fēi

不与居积人③争富，不与进取人争贵，不与矜饰人争名，不与少年人争英俊，不与盛气人争是非。

fù guì yuàn zhī fǔ yě cái néng shēn zhī zāi yě shēng míng bàng zhī méi yě huān lè bēi zhī jiàn yě

富贵，怨之府也。才能，身之灾也。声名，谤之媒也。欢乐，悲之渐④也。

nóng yú shēng sè shēng xū qiè bìng nóng yú huò lì shēng tān tāo bìng nóng yú gōng yè shēng zào zuò bìng nóng yú míng yù shēng jiǎo jī bìng

浓于声色，生虚怯病。浓于货利，生贪饕⑤病。浓于功业，生造作病。浓于名誉，生矫激⑥病。

xiǎng zì jǐ shēn xīn dào hòu rì zhì zhī hé chù gù běn lái miàn mù

想自己身心，到后日置之何处。顾本来面目，

---

①睿知：睿智。 ②被：覆盖。 ③居积人：囤积居奇的人。 ④悲之渐：悲哀的开始，比喻乐极生悲。 ⑤贪饕：贪财、贪食。 ⑥矫激：有违常情，力避平庸。

zài gǔ shí xiàng gè shèn rén
在古时像个甚人。

mò qīng shì cǐ shēn sān cái zài cǐ liù chǐ mò qīng shì cǐ shēng
莫轻视此身，三才在此六尺①。莫轻视此生，
qiān gǔ zài cǐ yī rì
千古②在此一日。

zuì jiǔ bǎo ròu làng xiào zì tán què bù cuò guò le yī rì wàng dòng
醉酒饱肉，浪笑恣谈，却不错过了一日？妄动
hú yán mèi lǐ zòng yù jù bù zuò niè le yī rì
胡言，昧理纵欲，讵③不作孽了一日？

bù ràng gǔ rén shì wèi yǒu zhì bù ràng jīn rén shì wèi wú liàng
不让④古人，是谓有志；不让今人，是谓无量。

yī néng shèng qiān jūn zǐ bù kě wú cǐ xiǎo xīn wú hé wèi bǐ
一能胜千，君子不可无此小心；吾何畏彼，
zhàng fū bù kě wú cǐ dà zhì
丈夫⑤不可无此大志。

guài xiǎo rén zhī diān dǎo háo jié bù zhī wéi diān dǎo fāng wéi xiǎo rén
怪小人之颠倒豪杰，不知惟颠倒方为小人；
xī jūn zǐ zhī shòu shì zhé mó bù zhī wéi zhé mó nǎi jiàn jūn zǐ
惜君子之受世折磨，不知惟折磨乃见君子。

jīng yī fān cuō zhé zhǎng yī fān shí jiàn róng yī fān hèng nì zēng
经一番挫折，长一番识见。容一番横逆⑥，增
yī fān qì dù shěng yī fēn jīng yíng duō yī fēn dào yì xué yī fēn tuì
一番器度。省一分经营，多一分道义。学一分退
ràng tǎo yī fēn pián yí qù yī fēn shē chǐ shǎo yī fēn zuì guò jiā yī
让，讨一分便宜。去一分奢侈，少一分罪过。加一

---

①三才：天、地、人。六尺：六尺身躯，人的躯体。 ②千古：功业。 ③讵：岂，难道。 ④让：辞让，谦让。 ⑤丈夫：男子汉。 ⑥横逆：横暴的行为。

fēn tǐ tiē zhī yī fēn wù qíng

分体贴[1]，知一分物情[2]。

bù zì zhòng zhě qǔ rǔ bù zì wèi zhě zhāo huò bù zì mǎn zhě shòu

不自重者取辱，不自畏者招祸，不自满者受

yì bù zì shì zhě bó wén

益，不自是者博闻。

yǒu zhēn cái zhě bì bù jīn cái yǒu shí xué zhě bì bù kuā xué

有真才者，必不矜才[3]；有实学者，必不夸学[4]。

gài shì gōng láo dāng bù dé yī gè jīn zì mí tiān zuì è zuì

盖世功劳，当不得一个矜字；弥天罪恶，最

nán dé yī gè huǐ zì

难得一个悔字。

wěi zuì lüè gōng cǐ xiǎo rén shì yǎn zuì kuā gōng cǐ zhòng rén shì

诿罪[5]掠功，此小人事。掩罪夸功，此众人事。

ràng měi guī gōng cǐ jūn zǐ shì fēn yuàn gòng guò cǐ shèng dé shì

让美归功[6]，此君子事。分怨共过[7]，此盛德[8]事。

wú huǐ zhòng rén zhī míng yǐ chéng yī jǐ zhī shàn wú mò tiān xià zhī

毋毁众人之名，以成一己之善；毋没[9]天下之

lǐ yǐ hù yī jǐ zhī guò

理，以护一己之过。

dà zhe dù pí róng wù lì dìng jiǎo gēn zuò rén

大著[10]肚皮容物，立定脚跟做人。

shí chù zhuó jiǎo wěn chù xià shǒu

实处著脚，稳处下手。

---

①体贴：精细体会。 ②物情：物理人情，即世事人情。 ③矜才：夸耀才华。 ④夸学：夸耀学问。 ⑤诿罪：推诿罪责。 ⑥让美归功：把好处和功劳让给别人。 ⑦分怨共过：与人分忧，共担过失。 ⑧盛德：德行美好。 ⑨没：冒犯，违背。⑩著：旧时同“着”。

dú shū yǒu sì gè zì zuì yào jǐn yuē quē yí hào wèn zuò rén yǒu
读书有四个字最要紧，曰阙疑①好问；做人有
sì gè zì zuì yào jǐn yuē wù shí nài jiǔ
四个字最要紧，曰务实耐久②。

shì dāng kuài yì chù xū zhuǎn yán dào kuài yì shí xū zhù
事当快意处须转，言到快意时须住。

wù jì quán shèng shì jì quán měi rén jì quán shèng
物忌全胜，事忌全美，人忌全盛。

jǐn qián xíng zhě dì bù zhǎi xiàng hòu kàn zhě yǎn jiè kuān
尽前行者地步窄，向后看者眼界宽。

liú yǒu yú bù jìn zhī qiǎo yǐ huán zào huà liú yǒu yú bù jìn
留有余不尽之巧③，以还造化④。留有余不尽
zhī lù yǐ huán cháo tíng liú yǒu yú bù jìn zhī cái yǐ huán bǎi xìng liú
之禄，以还朝廷。留有余不尽之财，以还百姓。留
yǒu yú bù jìn zhī fú yǐ yí zǐ sūn
有余不尽之福，以贻子孙。

sì hǎi hé píng zhī fú zhǐ shì suí yuán yī shēng qiān rě zhī láo
四海和平之福，只是随缘；一生牵惹之劳，
zǒng yīn hào shì
总因好事。

huā fán liǔ mì chù bō de kāi fāng jiàn shǒu duàn fēng kuáng yǔ zhòu shí
花繁柳密处拨得开，方见手段；风狂雨骤时
lì de dìng cái shì jiǎo gēn
立得定，才是脚跟。

bù bù zhàn xiān zhě bì yǒu rén yǐ jǐ zhī shì shì zhēng shèng zhě
步步占先者，必有人以挤之；事事争胜者，

①阙疑：对疑难未解的问题不妄加推测。 ②务实耐久：实实在在又持之以恒。 ③巧：灵巧。 ④造化：自然。

bì yǒu rén yǐ cuò zhī
必有人以挫之。

néng gǎi guò zé tiān dì bù nù néng ān fèn zé guǐ shén wú quán
能改过，则天地不怒。能安分，则鬼神无权[①]。

yán xíng nǐ zhī gǔ rén zé dé jìn gōng míng fù zhī tiān mìng zé
言行拟之古人，则德进。功名付之天命，则
xīn xián bào yìng niàn jí zǐ sūn zé shì píng shòu xiǎng lǜ jí jí bìng zé
心闲。报应念及子孙，则事平。受享虑及疾病，则
yòng jiǎn
用俭。

ān mò ān yú zhī zú wēi mò wēi yú duō yán guì mò guì yú wú
安莫安于知足，危莫危于多言。贵莫贵于无
qiú jiàn mò jiàn yú duō yù lè mò lè yú hào shàn kǔ mò kǔ yú duō
求，贱莫贱于多欲。乐莫乐于好善，苦莫苦于多
tān cháng mò cháng yú bó móu duǎn mò duǎn yú zì shì míng mò míng yú tǐ
贪。长莫长于博谋，短莫短于自恃。明莫明于体
wù àn mò àn yú mèi jī
物，暗莫暗于昧几[②]。

néng zhī zú zhě tiān bù néng pín néng rěn rǔ zhě tiān bù néng huò
能知足者，天不能贫。能忍辱者，天不能祸。
néng wú qiú zhě tiān bù néng jiàn néng wài xíng hái zhě tiān bù néng bìng néng
能无求者，天不能贱。能外形骸者，天不能病。能
bù tān shēng zhě tiān bù néng sǐ néng suí yù ér ān zhě tiān bù néng kùn
不贪生者，天不能死。能随遇而安者，天不能困。
néng zào jiù rén cái zhě tiān bù néng gū néng yǐ shēn rèn tiān xià hòu shì zhě
能造就人材者，天不能孤。能以身任天下后世者，

①无权：无可奈何。 ②昧几：体察不到事物的苗头和迹象。

tiān bù néng jué
天不能绝。

tiān bó wǒ yǐ fú wú hòu wú dé yǐ yà zhī tiān láo wǒ yǐ
天薄我以福，吾厚吾德以迓①之。天劳我以

xíng wú yì wú xīn yǐ bǔ zhī tiān wēi wǒ yǐ yù wú xiǎng wú dào yǐ
形②，吾逸吾心以补之。天危我以遇，吾享吾道以

tōng zhī tiān kǔ wǒ yǐ jìng wú lè wú shén yǐ chàng zhī
通之。天苦我以境，吾乐吾神以畅之。

jí xiōng huò fú shì tiān zhǔ zhāng huǐ yù yǔ duó shì rén zhǔ zhāng
吉凶祸福，是天主张。毁誉予夺，是人主张。

lì shēn xíng jǐ shì wǒ zhǔ zhāng
立身行己，是我主张。

yào dé fù guì fú zé tiān zhǔ zhāng yóu bù dé wǒ yào zuò xián
要得富贵福泽，天主张，由不得我；要做贤

rén jūn zǐ wǒ zhǔ zhāng yóu bù dé tiān
人君子，我主张，由不得天。

fù yǐ néng shī wéi dé pín yǐ wú qiú wéi dé guì yǐ xià rén wéi
富以能施为德，贫以无求为德；贵以下人③为

dé jiàn yǐ wàng shì wéi dé
德，贱以忘势④为德。

hù tǐ miàn bù rú zhòng lián chǐ qiú yī yào bù rú yǎng xìng qíng
护体面，不如重廉耻。求医药，不如养性情。

lì dǎng yǔ bù rú zhāo xìn yì zuò wēi fú bù rú dǔ zhì chéng duō yán
立党羽，不如昭信义。作威福，不如笃至诚。多言

shuō bù rú shèn yǐn wēi bó shēng míng bù rú zhèng xīn shù zì háo huá
说，不如慎隐微⑤。博声名，不如正心术。恣豪华，

①迓：迎接。 ②形：身体。 ③下人：降低身份以待人，即虚己下人，礼贤下士。 ④忘势：蔑视权势。 ⑤隐微：即精微，指细小的事情。

bù rú lè míng jiào　guǎng tián zhái　bù rú jiào yì fāng
不如乐名教①。广田宅，不如教义方②。

xíng jǐ gōng　zé gōng hòu　jiē zhòng hé　lì xīn zhèng　jìn dào yǒng
行己恭③，责躬厚④，接众和，立心正，进道勇，
zé yǒu yǐ qiú yì　gǎi guò yǐ quán shēn
择友以求益，改过以全身。

jìng wéi qiān shèng jiē shòu zhēn yuán　shèn nǎi bǎi nián tí sī jǐn yào
敬为千圣接受真源，慎乃百年提撕紧钥⑤。

dù liàng rú hǎi hán chūn yù　yìng jiē rú liú shuǐ xíng yún　cāo cún rú
度量如海涵春育，应接如流水行云，操存如
qīng tiān bái rì　wēi yí rú dān fèng xiáng lín　yán lùn rú qiāo jīn jiá shí
青天白日，威仪如丹凤祥麟，言论如敲金戛⑥石，
chí shēn rú yù jié bīng qīng　jīn bào rú guāng fēng jì yuè　qì gài rú qiáo yuè
持身如玉洁冰清，襟抱如光风霁月，气概如乔⑦岳
tài shān
泰山。

hǎi kuò cóng yú yuè　tiān kōng rèn niǎo fēi　fēi dà zhàng fū bù néng rú
海阔从⑧鱼跃，天空任鸟飞，非大丈夫不能如
cǐ dù liàng　zhèn yī qiān rèn gāng　zhuó zú wàn lǐ liú　fēi dà zhàng fū bù
此度量！振衣千仞冈，濯⑨足万里流，非大丈夫不
néng yǒu cǐ qì jié　zhū cáng zé zì mèi　yù yùn shān hán huī　fēi dà zhàng
能有此气节！珠藏泽自媚，玉韫⑩山含辉，非大丈
fū bù néng yǒu cǐ yùn jiè　yuè dào wú tóng shàng　fēng lái yáng liǔ biān　fēi
夫不能有此蕴藉！月到梧桐上，风来杨柳边，非

①乐名教：名教指以正名定分为主的封建礼教。乐，以之为乐。　②义方：旧指行事应遵守的规矩制度。后多指家教。　③行己恭：立身肃敬。　④责躬厚：要求自己的过多，喻严于律己。　⑤提撕紧钥：提撕，拉的意思。引申为提醒。　⑥戛：敲击。　⑦乔：高。　⑧从：任。　⑨濯：洗。　⑩韫：蕴藏。

dà zhàng fū bù néng yǒu cǐ jīn huái
大丈夫不能有此襟怀！

chǔ cǎo yě zhī rì bù kě jiāng cǐ shēn kàn de xiǎo jū láng miào
处草野[①]之日，不可将此身看得小；居廊庙[②]
zhī rì bù kě jiāng cǐ shēn kàn de dà
之日，不可将此身看得大。

zhǐ yī gè sú niàn tóu cuò zuò le yī shēng rén zhǐ yī shuāng sú yǎn
只一个俗念头，错做了一生人；只一双俗眼
mù cuò rèn le yī shēng rén
目，错认了一生人。

xīn bù wàng niàn shēn bù wàng dòng kǒu bù wàng yán jūn zǐ suǒ yǐ
心不妄念，身不妄动，口不妄言，君子所以
cún chéng nèi bù qī jǐ wài bù qī rén shàng bù qī tiān jūn zǐ suǒ yǐ
存诚。内不欺己，外不欺人，上不欺天，君子所以
shèn dú
慎独。

bù kuì fù mǔ bù kuì xiōng dì bù kuì qī zǐ jūn zǐ suǒ yǐ
不愧父母，不愧兄弟，不愧妻子，君子所以
yí jiā bù fù tiān zǐ bù fù shēng mín bù fù suǒ xué jūn zǐ suǒ yǐ
宜家。不负天子，不负生民，不负所学，君子所以
yòng shì
用世。

yǐ xìng fèn yán wú lùn fù zǐ xiōng dì jí tiān dì wàn wù jiē yī
以性分言，无论父子兄弟，即天地万物，皆一
tǐ ěr hé wù fēi wǒ yú cǐ xìn de jí zé xīn tǐ kuò rán yǐ
体耳！何物非我？于此信得及，则心体廓然[③]矣。

①草野：比喻民间。 ②廊庙：殿廊和太庙，这里借指朝廷。 ③廓然：空阔的样子。

yǐ wài wù yán wú lùn gōng míng fù guì jí sì zhī bǎi hái yì qū ké
以外物言，无论功名富贵，即四肢百骸，亦躯壳
ěr hé wù shì wǒ yú cǐ xìn de jí zé shì wèi dàn rán yǐ
耳！何物是我？于此信得及，则世味淡然矣。

yǒu bǔ yú tiān dì yuē gōng yǒu guān yú shì jiào yuē míng yǒu xué wèn
有补于天地曰功，有关于世教[①]曰名，有学问
yuē fù yǒu lián chǐ yuē guì shì wèi gōng míng fù guì wú wéi yuē dào wú
曰富，有廉耻曰贵，是谓功名富贵。无为曰道，无
yù yuē dé wú xí yú bǐ lòu yuē wén wú jìn yú ài mèi yuē zhāng shì
欲曰德，无习于鄙陋曰文，无近于暧昧[②]曰章，是
wèi dào dé wén zhāng
谓道德文章。

kùn rǔ fēi yōu qǔ kùn rǔ wéi yōu róng lì fēi lè wàng róng lì
困辱非忧，取困辱为忧。荣利非乐，忘荣利
wéi lè
为乐。

rè nào huá róng zhī jìng yī guò zhé shēng qī liáng qīng zhēn lěng dàn zhī
热闹华荣之境，一过辄生凄凉；清真[③]冷淡之
wéi lì jiǔ yù yǒu yì wèi
为，历久愈有意味。

xīn zhì yào kǔ yì qù yào lè qì dù yào hóng yán dòng yào jǐn
心志要苦，意趣要乐，气度要宏，言动要谨。

xīn shù yǐ guāng míng dǔ shí wéi dì yī róng mào yǐ zhèng dà lǎo chéng wéi
心术以光明笃实为第一，容貌以正大老成为
dì yī yán yǔ yǐ jiǎn zhòng zhēn qiè wéi dì yī
第一，言语以简重真切为第一。

---

①世教：即社会教育。 ②暧昧：态度不明朗，或行为不可告人。 ③清真：纯洁质朴。

wù tǔ wú yì shēn xīn zhī yǔ wù wéi wú yì shēn xīn zhī shì wù
勿吐无益身心之语，勿为无益身心之事，勿
jìn wú yì shēn xīn zhī rén wù rù wú yì shēn xīn zhī jìng wù zhǎn wú yì
近无益身心之人，勿入无益身心之境，勿展无益
shēn xīn zhī shū
身心之书。

cǐ shēng bù xué yī kě xī cǐ rì xián guò èr kě xī cǐ shēn yī
此生不学一可惜，此日闲过二可惜，此身一
bài sān kě xī
败三可惜。

jūn zǐ xiōng zhōng suǒ cháng tǐ bù shì rén qíng shì tiān lǐ jūn zǐ kǒu
君子胸中所常体，不是人情是天理。君子口
zhōng suǒ cháng dào bù shì rén lún shì shì jiào jūn zǐ shēn zhōng suǒ cháng xíng bù
中所常道，不是人伦是世教。君子身中所常行，不
shì guī jǔ shì zhǔn shéng
是规矩是准绳。

xiū wěi zuì yú qì huà yī qiè zé zhī rén shì xiū guò wàng yú
休诿罪于气化[1]，一切责之人事。休过望[2]于
shì jiān yī qiè qiú zhī wǒ shēn
世间，一切求之我身。

zì zé zhī wài wú shèng rén zhī shù zì qiáng zhī wài wú shàng rén
自责之外，无胜人之术；自强之外，无上人
zhī shù
之术。

shū yǒu wèi céng jīng wǒ dú shì wú bù kě duì rén yán
书有未曾经我读，事无不可对人言。

---

①诿：推诿。气化：阴阳之气化生万物。此处指运气。 ②过望：奢望，过高的要求。

guī mén zhī shì kě chuán ér hòu zhī jūn zǐ zhī jiā fǎ yǐ jìn

闺门①之事可传，而后知君子之家法矣；近

xí zhī rén qǐ jìng ér hòu zhī jūn zǐ zhī shēn fǎ yǐ

习②之人起敬，而后知君子之身法矣。

mén nèi hǎn wén xī xiào nù mà qí jiā fàn kě zhī zuò yòu biàn shū

门内罕闻嬉笑怒骂，其家范可知；座右遍书

míng lùn gé yán qí zhì qù kě xiǎng

名论格言，其志趣可想。

shèn yán dòng yú qī zǐ pú lì zhī jiān jiǎn shēn xīn yú shí xī qǐ jū

慎言动于妻子仆隶之间，检身心于食息起居

zhī jì

之际。

yǔ yán jiān jìn kě jī dé qī zǐ jiān yì shì xiū shēn

语言间尽可积德，妻子间亦是修身。

zhòu yàn zhī qī zǐ yǐ guān qí xíng zhī dǔ yǔ fǒu yě yè kǎo zhī

昼验之妻子，以观其行之笃与否也；夜考之

mèng mèi yǐ bǔ qí zhì zhī dìng yǔ fǒu yě

梦寐，以卜其志之定与否也。

yù lǐ huì qī chǐ xiān lǐ huì fāng cùn yù lǐ huì liù hé

欲理会七尺③，先理会方寸④；欲理会六合⑤，

xiān lǐ huì yī qiāng

先理会一腔⑥。

shì rén yǐ qī chǐ wéi xìng mìng jūn zǐ yǐ xìng mìng wéi qī chǐ

世人以七尺为性命，君子以性命为七尺。

---

①闺门：指私事。　②近习：帝王之亲信。这里指亲近、熟悉。　③理会：明了。七尺：古时尺短，七尺相当于一般成人的高度，因用为人身的代称。　④方寸：心。　⑤六合：指天地四方。在此泛指天下。　⑥一腔：一方腔调。这里指一方之地。

qì xiàng yào gāo kuàng bù kě shū kuáng xīn sī yào zhěn mì bù kě
气象要高旷，不可疏狂。心思要缜密，不可
suǒ xiè qù wèi yào chōng dàn bù kě kū jì cāo shǒu yào yán míng bù
琐屑。趣味要冲淡①，不可枯寂。操守要严明，不
kě jī liè
可激烈。

cōng míng zhě jiè tài chá gāng qiáng zhě jiè tài bào wēn liáng zhě jiè
聪明者戒太察，刚强者戒太暴，温良者戒
wú duàn
无断。

wù shī xiǎo huì shāng dà tǐ wú jiè gōng dào suì sī qíng
勿施小惠伤大体②，毋借公道遂私情。

yǐ qíng shù rén yǐ lǐ lǜ jǐ
以情恕人，以理律己。

yǐ shù jǐ zhī xīn shù rén zé quán jiāo yǐ zé rén zhī xīn zé
以恕己之心恕人，则全交③；以责人之心责
jǐ zé guǎ guò
己，则寡过。

lì yǒu suǒ bù néng shèng rén bù yǐ wú kě nài hé zhě zé rén xīn
力有所不能，圣人不以无可奈何者责人；心
yǒu suǒ dāng jìn shèng rén bù yǐ wú kě nài hé zhě zì wěi
有所当尽，圣人不以无可奈何者自诿。

zhòng è bì chá zhòng hǎo bì chá yì zì è bì chá zì hǎo bì
众恶必察，众好必察，易。自恶必察，自好必
chá nán
察，难。

①冲淡：淡泊。 ②大体：重要的义理。 ③全交：保全交谊。

jiàn rén bù shì　zhū è zhī gēn　jiàn jǐ bù shì　wàn shàn zhī mén
见人不是，诸恶之根。见己不是，万善之门。

bù wéi guò　sān zì　mèi què duō shǎo liáng xīn　méi nài hé　sān
不为过[1]三字，昧却多少良心！没奈何[2]三
zì　mǒ què duō shǎo tǐ miàn
字，抹却多少体面！

pǐn yì　cháng kàn shèng rú wǒ zhě　zé kuì chǐ zì zēng　xiǎng yòng cháng kàn
品诣[3]常看胜如我者，则愧耻自增；享用常看
bù rú wǒ zhě　zé yuàn yóu　zì mǐn
不如我者，则怨尤[4]自泯。

jiā zuò wú liáo　yì niàn shí lì　dān fū hóng chén chì rì　guān jiē bù
家坐无聊，亦念食力[5]担夫红尘赤日。官阶不
dá　shàng yǒu gāo cái xiù shì bái shǒu qīng jīn
达，尚有高才秀士白首青衿[6]。

jiāng tí jī zhě bǐ　zé dé bǎo zì lè　jiāng háo hán zhě bǐ　zé dé
将啼饥者比，则得饱自乐。将号寒者比，则得
nuǎn zì lè　jiāng láo yì zhě bǐ　zé yōu xián zì lè　jiāng jí bìng zhě bǐ
暖自乐。将劳役者比，则优闲自乐。将疾病者比，
zé kāng jiàn zì lè　jiāng huò huàn zhě bǐ　zé píng ān zì lè　jiāng sǐ wáng zhě
则康健自乐。将祸患者比，则平安自乐。将死亡者
bǐ　zé shēng cún zì lè
比，则生存自乐。

cháng sī zhōng tiān bào hèn　zì bù dé bù jìn xiào xīn　cháng sī dù rì
常思终天抱恨[7]，自不得不尽孝心。常思度日

[1]不为过：不算错。 [2]没奈何：没办法。 [3]品诣：品德及学业造诣。 [4]怨尤：即怨天尤人。 [5]食力：劳力者。 [6]秀士：指有德行道艺的人。青衿：亦作“青襟”。指读书人。明清科举时代专指秀才。 [7]终天抱恨：指父母死后，虽服丧有期，但悲痛之情伴随终生。

jiān nán zì bù dé bù jié fèi yòng cháng sī rén mìng cuì bó zì bù dé bù
艰难，自不得不节费用。常思人命脆薄，自不得不
xī jīng shén cháng sī shì tài yán liáng zì bù dé bù fèn zhì qì cháng sī fǎ
惜精神。常思世态炎凉，自不得不奋志气。常思法
wǎng nán lòu zì bù dé bù jiè fēi wéi cháng sī shēn mìng yì qīng zì bù
网难漏，自不得不戒非为。常思身命易倾[1]，自不
dé bù rěn qì xìng
得不忍气性[2]。

yǐ mèi zì fèng qīn yǐ dàn zì jiāo yǒu yǐ gǒu zì
以“媚”[3]字奉亲，以“淡”字交友，以“苟”[4]字
shěng fèi yǐ zhuō zì miǎn láo yǐ lóng zì zhǐ bàng yǐ máng
省费，以“拙”字免劳，以“聋”[5]字止谤，以“盲”[6]
zì yuǎn sè yǐ lìn zì fáng kǒu yǐ bìng zì yī yín yǐ tān zì
字远色，以“吝”字防口，以“病”字医淫，以“贪”字
dú shū yǐ yí zì qióng lǐ yǐ kè zì zé jǐ yǐ yū zì
读书，以“疑”字穷理，以“刻”字责己，以“迂”[7]字
shǒu lǐ yǐ hěn zì lì zhì yǐ ào zì zhí gǔ yǐ chī zì
守礼，以“狠”[8]字立志，以“傲”字植骨，以“痴”字
jiù pín yǐ kōng zì jiě yōu yǐ ruò zì yù huǐ yǐ huǐ zì gǎi
救贫，以“空”字解忧，以“弱”字御悔，以“悔”字改
guò yǐ lǎn zì yì bēn jìng fēng yǐ duò zì bǐng chén sú shì
过，以“懒”字抑奔竞[9]风，以“惰”字屏尘俗事。

duì shī yì rén mò tán dé yì shì chǔ dé yì rì mò wàng shī
对失意人，莫谈得意事；处得意日，莫忘失
yì shí
意时。

---

①易倾：容易倒塌。比喻身体生命的脆弱。 ②气性：怒气和急性。 ③媚：爱。 ④苟：俭省。 ⑤聋：指假装听不见。 ⑥盲：指假装看不见。 ⑦迂：良久。 ⑧狠：发奋。 ⑨奔竞：为名利奔走竞争。

贫贱是苦境，能善处者自乐；富贵是乐境，不善处者更苦。

恩里由来生害，故快意时须早回头；败后或反成功，故拂心[①]处莫便放手。

深沉厚重，是第一等资质。磊落豪雄，是第二等资质。聪明才辩，是第三等资质。

上士[②]忘名，中士[③]立名，下士[④]窃名。上士闭心，中士闭口，下士闭门。

好讦人[⑤]者身必危，自甘为愚，适成其保身之智；好自夸者人多笑，自舞[⑥]其智，适见其欺人之愚。

闲暇出于精勤，恬适出于祗惧[⑦]；无思[⑧]出于能虑，大胆出于小心。

①拂心：不顺心。 ②上士：贤能之士。 ③中士：中等人。 ④下士：愚蠢的人。 ⑤讦人：斥责别人的过失，揭发别人的隐私。 ⑥舞：玩弄。 ⑦恬适：安逸。祗惧：小心谨慎。 ⑧无思：没有顾虑。

píng kāng zhī zhōng yǒu xiǎn yīn yān rèn xí zhī nèi yǒu zhèn dú
平康[1]之中，有险阴焉。衽席[2]之内，有鸩毒[3]
yān yī shí zhī jiān yǒu huò bài yān
焉。衣食之间，有祸败焉。

jū ān lǜ wēi chǔ zhì sī luàn
居安虑危，处治思乱。

tiān xià zhī shì yǐ jiàn ér chéng tiān xià zhī shì yǐ jī ér gù
天下之势，以渐而成；天下之事，以积而固。

huò dào xiū chóu yě yào huì jiù fú lái xiū xǐ yě yào huì shòu
祸到休愁，也要会救；福来休喜，也要会受。

tiān yù huò rén xiān yǐ wēi fú jiāo zhī tiān yù fú rén xiān yǐ
天欲祸人，先以微福骄之；天欲福人，先以
wēi huò jǐng zhī
微祸儆[4]之。

ào màn zhī rén zhòu dé tōng xiǎn tiān jiāng zhòng xíng zhī yě shū fàng zhī
傲慢之人骤得通显，天将重刑之也；疏放[5]之
rén jiān yú jìn qǔ tiān jiāng qū shè zhī yě
人艰于进取，天将曲赦[6]之也。

xiǎo rén yì yǒu tǎn dàng dàng chù wú jì dàn shì yǐ jūn zǐ yì yǒu
小人亦有坦荡荡[7]处，无忌惮是已。君子亦有
cháng qī qī chù zhōng shēn zhī yōu shì yǐ
长戚戚[8]处，终身之忧是已。

shuǐ jūn zǐ yě qí xìng chōng qí zhì bái qí wèi dàn qí wéi
水，君子也。其性冲[9]，其质白，其味淡。其为
yòng yě kě yǐ huàn bù jié zhě ér shǐ jié jí fèi tāng zhě tóu yǐ yóu yì
用也，可以浣不洁者而使洁。即沸汤者投以油，亦

①平康：平安。 ②衽席：卧席。 ③鸩毒：毒药。这里指毒害。 ④儆：使人警醒，不犯过错。 ⑤疏放：粗狂放任。 ⑥曲赦：特赦，此处指宽容、宽恕。 ⑦坦荡荡：坦然宽广的样子。 ⑧长戚戚：多忧惧的样子。 ⑨冲：虚。

zì fēn bié ér bù xiāng hùn chéng zāi jūn zǐ yě yóu xiǎo rén yě qí xìng
自分别而不相混，诚哉君子也。油，小人也。其性
huá qí zhì nì qí wèi nóng qí wéi yòng yě kě yǐ wū jié zhě ér shǐ
滑，其质腻，其味浓。其为用也，可以污洁者而使
bù jié tǎng gǔn yóu zhōng tóu yǐ shuǐ bì zhì jī bó ér bù xiāng róng chéng zāi
不洁。倘滚油中投以水，必至激搏而不相容，诚哉
xiǎo rén yě
小人也。

fán yáng bì gāng gāng bì míng míng zé yì zhī fán yīn bì róu róu
凡阳必刚，刚必明，明则易知；凡阴必柔，柔
bì àn àn zé nán cè
必暗，暗则难测。

chēng rén yǐ yán zǐ wú bù yuè zhě wàng qí pín jiàn ér yāo zhǐ
称人以颜子①，无不悦者，忘其贫贱而夭；指
rén yǐ dào zhí wú bù nù zhě wàng qí fù guì ér shòu
人以盗跖，无不怒者，忘其富贵而寿。

shì shì nán shàng nán jǔ zú cháng yú shī zhuì jiàn jiàn xiǎng yī xiǎng
事事难上难，举足常虞②失坠；件件想一想，
hún shēn dōu shì guò chā
浑身都是过差。

nù yí shí lì xiāo róng guò yào xì xīn jiǎn diǎn
怒宜实力消融，过要细心检点。

tàn lǐ yí róu yōu yóu hán yǒng shǐ kě yǐ zì dé jué yù yí
探理宜柔，优游涵泳③，始可以自得；决欲宜
gāng yǒng měng fèn xùn shǐ kě yǐ zì xīn
刚，勇猛奋迅④，始可以自新。

---

①颜子：颜渊。孔子的学生。 ②虞：防备。 ③优游：闲暇自得的样子。涵泳：沉浸。 ④奋迅：果断迅速。

chéng fèn zhì yù qí xiàng wéi sǔn dé lì zài yī rěn zì qiān shàn
惩忿窒欲，其象为损①，得力在一忍字；迁善
gǎi guò qí xiàng wéi yì dé lì zài yī huǐ zì
改过，其象为益②，得力在一悔字。

fù guì rú chuán shè wéi jǐn shèn kě dé jiǔ jū pín jiàn rú bì
富贵如传舍③，惟谨慎可得久居；贫贱如敝
yī wéi qín jiǎn kě yǐ tuō xiè
衣，惟勤俭可以脱卸。

jiǎn zé yuē yuē zé bǎi shàn jù xīng chǐ zé sì sì zé bǎi è
俭则约，约则百善俱兴；侈则肆，肆则百恶
jù zòng
俱纵。

shē zhě fù bù zú jiǎn zhě pín yǒu yú shē zhě xīn cháng pín jiǎn
奢者富不足，俭者贫有余；奢者心常贫，俭
zhě xīn cháng fù
者心常富。

tān tāo yǐ zhāo rǔ bù ruò jiǎn ér shǒu lián gān qǐng yǐ fàn yì
贪饕以招辱，不若俭而守廉。干请④以犯义，
bù ruò jiǎn ér quán jié qīn móu yǐ jù yuàn bù ruò jiǎn ér yǎng xīn fàng
不若俭而全节。侵牟⑤以聚怨，不若俭而养心。放
sì yǐ suì yù bù ruò jiǎn ér ān xìng
肆以遂欲，不若俭而安性。

jìng zuò rán hòu zhī píng rì zhī qì fú shǒu mò rán hòu zhī píng rì
静坐，然后知平日之气浮。守默，然后知平日
zhī yán zào xǐng shì rán hòu zhī píng rì zhī xīn máng bì hù rán hòu zhī
之言躁。省事，然后知平日之心忙。闭户，然后知

①损：《周易》六十四卦之一。卦义为减损。 ②益：《周易》六十四卦之一。卦义为增加、补足。 ③传舍：古代供行人休息住宿的地方。 ④干请：有所求而请托。 ⑤侵牟：掠夺。

píng rì zhī jiāo làn guǎ yù rán hòu zhī píng rì zhī bìng duō jìn qíng rán
平日之交滥。寡欲，然后知平日之病多。近情，然
hòu zhī píng rì zhī niàn kè
后知平日之念刻。

wú bìng zhī shēn bù zhī qí lè yě bìng shēng shǐ zhī wú bìng zhī lè
无病之身，不知其乐也，病生始知无病之乐。
wú shì zhī jiā bù zhī qí fú yě shì zhì shǐ zhī wú shì zhī fú
无事之家，不知其福也，事至始知无事之福。

yù xīn zhèng chì shí yī niàn zhe bìng xìng sì hán bīng lì xīn zhèng
欲心正炽时，一念著病，兴似寒冰；利心正
chì shí yī xiǎng dào sǐ wèi tóng jiáo là
炽时，一想到死，味同嚼蜡。

yǒu yī lè jìng jiè jí yǒu yī bù lè zhě xiāng duì dài yǒu yī hǎo
有一乐境界，即有一不乐者相对待；有一好
guāng jǐng biàn yǒu yī bù hǎo de xiāng chéng chú
光景，便有一不好底相乘除。

shì bù kě zuò jìn yán bù kě dào jìn shì bù kě yǐ jìn fú bù
事不可做尽，言不可道尽，势不可倚尽，福不
kě xiǎng jìn
可享尽。

bù kě chī jìn bù kě chuān jìn bù kě shuō jìn yòu yào dǒng dé
不可吃尽，不可穿尽，不可说尽；又要懂得，
yòu yào zuò dé yòu yào nài dé
又要做得，又要耐得。

nán xiāo zhī wèi xiū shí nán dé zhī wù xiū xù nán chóu zhī ēn xiū
难消之味休食，难得之物休蓄。难酬之恩休
shòu nán jiǔ zhī yǒu xiū jiāo nán zài zhī shí xiū shī nán shǒu zhī cái xiū
受，难久之友休交。难再之时休失，难守之财休

积。难雪之谤休辩，难释之忿休较。

饭休不嚼便咽，路休不看便走，话休不想便说，事休不想便做，衣休不慎便脱，财休不审便取，气休不忍便动，友休不择便交。

为善如负重登山，志虽已确，而力犹恐不及；为恶如乘骏走坂，鞭虽不加，而足不禁其前。

防欲如挽逆水之舟，才歇手，便下流；为善如缘无枝之树，才住脚，便下坠。

胆欲大，心欲小，智欲圆，行欲方。

真圣贤，决非迂腐；真豪杰，断不粗疏。

龙吟虎啸，凤翥①鸾翔，大丈夫之气象；蚕茧蛛丝，蚁封蚓结，儿女子之经营。

格格②不吐，刺刺③不休，总是一般语病，请以

①翥：飞举。 ②格格：鸟鸣声。形容语塞。 ③刺刺：多言的样子。

yīng gē yàn yǔ liáo zhī liàn liàn bù shě hū hū ruò wàng gè yǒu yī zhǒng
莺歌燕语疗之；恋恋不舍，忽忽若忘，各有一种
qíng chī dāng yǐ yuān fēi yú yuè huà zhī
情痴，当以鸢飞鱼跃化之。

wèn xiāo xī yú shī guī yí tuán kōng jié qí fú zhǐ yú ào zào
问消息于蓍龟[1]，疑团空结。祈福祉于奥灶[2]，
shē xiǎng tú láo
奢想徒劳。

qiān měi dé yě guò qiān zhě huái zhà mò yì xíng yě guò mò
谦，美德也，过谦者怀诈；默，懿行[3]也，过默
zhě cáng jiān
者藏奸。

zhí bù fàn huò hé bù hài yì
直不犯祸，和不害义。

yuán róng zhě wú guǐ suí zhī tài jīng xì zhě wú kē chá zhī xīn
圆融者无诡随[4]之态，精细者无苛察[5]之心，
fāng zhèng zhě wú guāi fú zhī shī chén mò zhě wú yīn xiǎn zhī shù chéng dǔ zhě
方正者无乖拂[6]之失，沉默者无阴险之术，诚笃者
wú chuí lǔ zhī lěi guāng míng zhě wú qiǎn lù zhī bìng jìng zhí zhě wú jìng
无椎鲁[7]之累，光明者无浅露之病，劲直者无径
qíng zhī piān zhí chí zhě wú jū nì zhī jì mǐn liàn zhě wú qīng fú
情[8]之偏，执持[9]者无拘泥之迹，敏练[10]者无轻浮
zhī zhuàng
之状。

①蓍龟：指卜筮。蓍草和龟甲是古代占卜的用具。 ②奥：房屋的西北角。是古时候尊长居住的地方，也是祭神的方位。灶：灶神所居之地。 ③懿行：善行。 ④诡随：不顾是非而随便跟随别人。 ⑤苛察：以烦琐苛刻为明察。 ⑥乖拂：乖戾悖逆。 ⑦椎鲁：鲁钝。 ⑧径情：任意。 ⑨执持：执着。 ⑩敏练：敏捷练达。

cái bù zú zé duō móu shí bù zú zé duō shì wēi bù zú zé duō
才不足则多谋，识不足则多事，威不足则多
nù xìn bù zú zé duō yán yǒng bù zú zé duō láo míng bù zú zé duō
怒，信不足则多言，勇不足则多劳，明不足则多
chá lǐ bù zú zé duō biàn qíng bù zú zé duō yí
察，理不足则多辩，情不足则多仪。

sī ēn xù gǎn rén zhī zéi yě zhí wǎng qīng dān yì zhī zéi yě
私恩煦感，仁之贼也。直往轻担，义之贼也。
zú gōng wěi tài lǐ zhī zéi yě kē chá qí yí zhì zhī zéi yě gǒu yuē
足恭伪态，礼之贼也。苛察歧疑，智之贼也。苟约
gù shǒu xìn zhī zéi yě
固守，信之贼也。

yǒu shā zhī wéi rén shēng zhī wéi bù rén zhě yǒu qǔ zhī wéi yì yǔ
有杀之为仁，生之为不仁者。有取之为义，与
zhī wéi bù yì zhě yǒu bēi zhī wéi lǐ zūn zhī wéi fēi lǐ zhě yǒu bù
之为不义者。有卑之为礼，尊之为非礼者。有不
zhī wéi zhì zhī zhī wéi bù zhì zhě yǒu wéi yán wéi xìn jiàn yán wéi fēi
知为智，知之为不智者。有违言为信，践言为非
xìn zhě
信者。

yú zhōng yú xiào shí néng wéi tiān dì gāng cháng xī bù yù shèng rén cái
愚忠愚孝，实能维天地纲常，惜不遇圣人裁
chéng wèi cháng rù shì dà zhà dà jiān piān huì jiàn shì jiān gōng yè tǎng
成①，未尝入室；大诈大奸，偏会建世间功业，倘
fēi yǒu yīng zhǔ jià yù zhōng bì tiào liáng
非有英主驾驭，终必跳梁②。

①裁成：点拨，指点。 ②跳梁：形容猖狂而又没有多大能耐的丑恶之徒。

zhī qí bù kě wéi ér suì wěi xīn rèn zhī zhě dá rén zhì shì zhī
知其不可为而遂委心任之者，达人智士之
jiàn yě zhī qí bù kě wéi ér yì jié lì tú zhī zhě zhōng chén xiào zǐ zhī
见也；知其不可为而亦竭力图之者，忠臣孝子之
xīn yě
心也。

xiǎo rén zhǐ pà tā yǒu cái yǒu cái yǐ jì zhī liú hài wú qióng
小人只怕他有才，有才以济之，流害无穷；
jūn zǐ zhǐ pà tā wú cái wú cái yǐ xíng zhī suī xián hé bǔ
君子只怕他无才，无才以行之，虽贤何补！

shè shēng lèi

摄生类

shèn fēng hán jié yǐn shí shì cóng wú shēn shàng què bìng fǎ guǎ shì yù jiè fán nǎo shì cóng wú xīn shàng què bìng fǎ

慎风寒，节饮食，是从吾身上却病法；寡嗜欲，戒烦恼，是从吾心上却病法。

shǎo sī lǜ yǐ yǎng xīn qì guǎ sè yù yǐ yǎng shèn qì wù wàng dòng yǐ yǎng gǔ qì jiè chēn nù yǐ yǎng gān qì bó zī wèi yǐ yǎng wèi qì shěng yán yǔ yǐ yǎng shén qì duō dú shū yǐ yǎng dǎn qì shùn shí lìng yǐ yǎng yuán qì

少思虑以养心气，寡色欲以养肾气，勿妄动以养骨气，戒嗔怒以养肝气，薄①滋味以养胃气，省言语以养神气，多读书以养胆气，顺时令以养元气。

yōu chóu zé qì jié fèn nù zé qì nì kǒng jù zé qì xiàn jū pò zé qì xié jí jù zé qì hào

忧愁则气结，忿怒则气逆，恐惧则气陷，拘迫②则气邪，急遽③则气耗。

xíng yù xú ér wěn lì yù dìng ér gōng zuò yù duān ér zhèng shēng yù dī ér hé

行欲徐而稳，立欲定而恭，坐欲端而正，声欲低而和。

①薄：少。②拘迫：压抑。③急遽：急速。

xīn shén yù jìng gǔ lì yù dòng xiōng huái yù kāi jīn hái yù yìng jǐ liáng yù zhí cháng wèi yù jìng shé duān yù juǎn jiǎo gēn yù dìng ěr mù yù qīng jīng hún yù zhèng

心神欲静，骨力欲动。胸怀欲开，筋骸欲硬。脊梁欲直，肠胃欲净。舌端欲卷，脚跟欲定。耳目欲清，精魂欲正。

duō jìng zuò yǐ shōu xīn guǎ jiǔ sè yǐ qīng xīn qù shì yù yǐ yǎng xīn wán gǔ xùn yǐ jǐng xīn wù zhì lǐ yǐ míng xīn

多静坐以收心，寡酒色以清心，去嗜欲以养心，玩古训以警心，悟至理以明心。

chǒng rǔ bù jīng gān mù zì níng dòng jìng yǐ jìng xīn huǒ zì dìng yǐn shí yǒu jié pí tǔ bù xiè tiáo xī guǎ yán fèi jīn zì quán tián dàn guǎ yù shèn shuǐ zì zú

宠辱不惊，肝木①自宁。动静以敬，心火自定。饮食有节，脾土不泄。调息②寡言，肺金自全。恬淡寡欲，肾水自足。

dào shēng yú ān jìng dé shēng yú bēi tuì fú shēng yú qīng jiǎn mìng shēng yú hé chàng

道生于安静，德生于卑退③，福生于清俭，命生于和畅。

tiān dì bù kě yī rì wú hé qì rén xīn bù kě yī rì wú xǐ shén

天地不可一日无和气，人心不可一日无喜神。

zhuō zì kě yǐ guǎ guò huǎn zì kě yǐ miǎn huǐ tuì zì kě yǐ yuǎn huò gǒu zì kě yǐ yǎng fú jìng zì kě yǐ yì shòu

拙字可以寡过，缓字可以免悔，退字可以远祸，苟字可以养福，静字可以益寿。

---

①肝木：五脏与五行相配，肝属木。 ②调息：调和气息。 ③卑退：谦让。

wú yǐ wàng xīn qiāng zhēn xīn wù yǐ kè qì shāng yuán qì
毋以妄心戕[1]真心，勿以客气[2]伤元气。

fú yì chù yào qiǎn de guò qīng kǔ rì yào shǒu de guò fēi lǐ lái
拂意处要遣得过[3]，清苦日要守得过，非理来
yào shòu de guò fèn nù shí yào nài de guò shì yù shēng yào rěn de guò
要受得过，忿怒时要耐得过，嗜欲生要忍得过。

yán yǔ zhī jié zé qiān yóu shǎo jǔ dòng zhī jié zé huǐ lìn shǎo
言语知节，则愆尤[4]少。举动知节，则悔吝少。
ài mù zhī jié zé yíng qiú shǎo huān lè zhī jié zé huò bài shǎo yǐn shí
爱慕知节，则营求少。欢乐知节，则祸败少。饮食
zhī jié zé jí bìng shǎo
知节，则疾病少。

rén zhī yán yǔ zú yǐ zhāng wú dé ér bù zhī shèn yán yǔ nǎi suǒ yǐ
人知言语足以彰吾德，而不知慎言语乃所以
yǎng wú dé rén zhī yǐn shí zú yǐ yì wú shēn ér bù zhī jié yǐn shí nǎi
养吾德；人知饮食足以益吾身，而不知节饮食乃
suǒ yǐ yǎng wú shēn
所以养吾身。

nào shí liàn xīn jìng shí yǎng xīn zuò shí shǒu xīn xíng shí yàn xīn
闹时炼心，静时养心，坐时守心，行时验心，
yán shí shěng xīn dòng shí zhì xīn
言时省心，动时制心。

róng kū yǐ fú cùn tián zì kāi huì nì hé xū lì wèn sài
荣枯倚伏[5]，寸田自开惠逆[6]，何须历问塞

---

①戕：残害。②客气：侵害人体的邪气。③拂意：不顺心。遣：排遣。④愆尤：过失。⑤荣枯：指荣辱相成。倚伏：指福祸相因。⑥寸田：即心田。惠逆：顺逆。

wēng xiū duǎn cēn cī sì tǐ zì zào péng shāng sì nán zhuān jiù sī mìng
翁？修短参差，四体自造彭殇[1]，似难专咎司命[2]！

jié yù yǐ qū èr shù xiū shēn yǐ qū sān péng ān pín yǐ tīng
节欲以驱二竖[3]，修身以屈三彭[4]，安贫以听
wǔ guǐ xī jī yǐ mǐ liù zéi
五鬼[5]，息机以弭六贼[6]。

shuāi hòu zuì niè dōu shì shèng shí zuò de lǎo lái jí bìng dōu shì
衰后罪孽，都是盛时作的；老来疾病，都是
zhuàng nián zhāo de
壮年招的。

bài dé zhī shì fēi yī ér xù jiǔ zhě dé bì bài shāng shēng zhī shì
败德之事非一，而酗酒者德必败；伤生之事
fēi yī ér hào sè zhě shēng bì shāng
非一，而好色者生必伤。

mù yǒu gēn zé róng gēn huài zé kū yú yǒu shuǐ zé huó shuǐ hé
木有根则荣[7]，根坏则枯。鱼有水则活，水涸
zé sǐ dēng yǒu gāo zé míng gāo jìn zé miè rén yǒu zhēn jīng bǎo zhī zé
则死。灯有膏[8]则明，膏尽则灭。人有真精，保之则
shòu qiāng zhī zé yāo
寿，戕之则夭。

①彭殇：寿夭。彭，彭祖，古代的长寿者。殇，年少身亡。 ②司命：掌管人生死的神。 ③二竖：病魔。 ④三彭：也叫“三尸”“三虫”，传说“三尸”姓彭，是在人体内作祟，影响人修炼的三种神。 ⑤五鬼：是民间传说中的瘟神，又称五瘟使，分别是：春瘟张元伯、夏瘟刘元达、秋瘟赵公明、冬瘟钟士贵、总管中瘟史文业。 ⑥息机：息灭机心，使内心回归平淡自然。六贼：佛教语。即色、声、香、味、触、法六尘。谓此六尘能以眼、耳等六根为媒介，劫掠“法财”，损害善性，故称“六贼”。 ⑦荣：繁茂。 ⑧膏：油。

dūn pǐn lèi

敦品类

yù zuò jīng jīn měi yù de rén pǐn dìng cóng liè huǒ zhōng duàn lái sī

欲做精金美玉的人品，定从烈火中锻来；思

lì jiē dì xiān tiān de shì gōng xū xiàng bó bīng shàng lǚ guò

立揭地掀天的事功，须向薄冰上履过。

rén yǐ pǐn wéi zhòng ruò yǒu yī diǎn bēi wū zhī xīn biàn fēi dǐng tiān

人以品为重，若有一点卑污之心，便非顶天

lì dì hàn zǐ pǐn yǐ xíng wéi zhǔ ruò yǒu yī jiàn kuì zuò zhī shì jí

立地汉子。品以行为主，若有一件愧怍①之事，即

fēi tài shān běi dǒu pǐn gé

非泰山北斗品格。

rén zhēng qiú róng hū jiù qí qiú zhī zhī shí yǐ jí rén jiān zhī rǔ

人争求荣乎，就其求之之时，已极人间之辱；

rén zhēng shì chǒng hū jiù qí shì zhī zhī shí yǐ jí rén jiān zhī jiàn

人争恃宠乎，就其恃之之时，已极人间之贱。

zhàng fū zhī gāo huá zhǐ zài yú gōng míng qì jié bǐ fū zhī xuàn yào

丈夫之高华，只在于功名气节；鄙夫之炫耀，

dàn qiú zhū fú shì qǐ jū

但求诸服饰起居。

ē yú qǔ róng nán zǐ chǐ wéi qiè fù zhī dào běn zhēn bù záo

阿谀取容，男子耻为妾妇之道；本真不凿，

①愧怍：惭愧。

dà rén bù shī chì zǐ zhī xīn
大人不失赤子之心。

jūn zǐ zhī shì shàng yě bì zhōng yǐ jìng qí jiē xià yě bì qiān
君子之事上也，必忠以敬，其接下也，必谦
yǐ hé xiǎo rén zhī shì shàng yě bì chǎn bì mèi qí dài xià yě bì
以和。小人之事上也，必谄必媚，其待下也，必
ào yǐ hū
傲以忽[1]。

lì cháo bù shì hǎo shè rén zì jū jiā bù shì hǎo chǔ shì píng
立朝不是好舍人[2]，自居家不是好处士[3]；平
sù bù shì hǎo chǔ shì yóu xiǎo shí bù shì hǎo xué shēng
素不是好处士，由小时不是好学生。

zuò xiù cái rú chǔ zǐ yào pà rén jì rù shì rú xí fù yào yǎng
做秀才如处子，要怕人。既入仕如媳妇，要养
rén guī lín xià rú ā pó yào jiāo rén
人。归林下如阿婆，要教人。

pín jiàn shí yǎn zhōng bù zhuó fù guì tā rì dé zhì bì bù jiāo
贫贱时，眼中不著富贵，他日得志必不骄；
fù guì shí yì zhōng bù wàng pín jiàn yī dàn tuì xiū bì bù yuàn
富贵时，意中不忘贫贱，一旦退休必不怨。

guì rén zhī qián mò yán jiàn bǐ jiāng wèi wǒ qiú qí jiàn fù rén zhī
贵人之前莫言贱，彼将谓我求其荐；富人之
qián mò yán pín bǐ jiāng wèi wǒ qiú qí lián
前莫言贫，彼将谓我求其怜。

xiǎo rén zhuān wàng rén ēn ēn guò zhé wàng jūn zǐ bù qīng shòu rén ēn
小人专望人恩，恩过辄忘；君子不轻受人恩，

①忽：轻视，蔑视。 ②舍人：官名。 ③处士：旧时未做官或不做官的读书人。

shòu zé bì bào
受则必报。

chǔ zhòng yǐ hé guì yǒu qiáng yì bù kě duó zhī lì chí jǐ yǐ zhèng
处众以和，贵有强毅不可夺之力；持己以正，
guì yǒu yuán tōng bù kě jū zhī quán
贵有圆通不可拘之权。

shǐ rén yǒu miàn qián zhī yù bù ruò shǐ rén wú bèi hòu zhī huǐ shǐ
使人有面前之誉，不若使人无背后之毁；使
rén yǒu zhà chǔ zhī huān bù ruò shǐ rén wú jiǔ chǔ zhī yàn
人有乍[①]处之欢，不若使人无久处之厌。

mèi ruò jiǔ wěi hú qiǎo rú bǎi shé niǎo āi zāi xiū cǐ qī chǐ
媚若九尾狐，巧如百舌鸟，哀哉羞此七尺
zhī qū bào tóng sān zú hǔ dú bǐ liǎng tóu shé xī hū huài ěr fāng
之躯！暴同三足虎，毒比两头蛇，惜乎坏尔方
cùn zhī dì
寸之地！

dào chù yǔ lǚ xiào yī shǒu hé chóu yú tiān hé qīn yú dì
到处伛偻[②]，笑伊首何仇于天？何亲于地？
zhōng zhāo chóu suàn wèn ěr xīn hé qīng yú mìng hé zhòng yú cái
终朝筹算，问尔心何轻于命？何重于财？

fù ér yīn qiú huàn qīng zī wū lì yǐ dú huò shī zhí
富儿因求宦倾资，污吏以黩货失职。

qīn xiōng dì xī zhù bì hé fān zuò guā fēn shì dà fū ài qián
亲兄弟析箸[③]，璧合翻作瓜分；士大夫爱钱，
shū xiāng huà wéi tóng xiù
书香化为铜臭。

---

①乍：短暂，忽然。 ②伛偻：本指人弯腰驼背，此处引申为点头哈腰、低三下四地逢迎他人。 ③析箸：即分家。

shì dà fū dāng wèi zǐ sūn zào fú bù dāng wèi zǐ sūn qiú fú jǐn
士大夫当为子孙造福，不当为子孙求福。谨
jiā guī chóng jiǎn pǔ jiāo gēng dú jī yīn dé cǐ zào fú yě guǎng tián
家规，崇俭朴，教耕读，积阴德，此造福也。广田
zhái jié yīn yuán zhēng shí yī yù gōng míng cǐ qiú fú yě zào fú zhě
宅，结姻缘，争什一[①]，鬻功名，此求福也。造福者
dàn ér cháng qiú fú zhě nóng ér duǎn
淡而长，求福者浓而短。

shì dà fū dāng wèi cǐ shēng xī míng bù dāng wèi cǐ shēng shì míng dūn
士大夫当为此生惜名，不当为此生市名。敦[②]
shī shū shàng qì jié shèn qǔ yǔ jǐn wēi yí cǐ xī míng yě jìng biāo
诗书，尚气节，慎取与，谨威仪，此惜名也。竞标
bǎng yāo quán guì wù jiǎo jī xí mó léng cǐ shì míng yě xī míng
榜，邀权贵，务矫激[③]，习模棱[④]，此市名也。惜名
zhě jìng ér xiū shì míng zhě zào ér zhuō
者，静而休；市名者，躁而拙。

shì dà fū dāng wèi yī jiā yòng cái bù dāng wèi yī jiā shāng cái jì
士大夫当为一家用财，不当为一家伤财。济
zōng dǎng guǎng shù xiū jiù huāng qiàn zhù yì jǔ cǐ yòng cái yě mí
宗党[⑤]，广束脩[⑥]，救荒歉，助义举，此用财也。靡
yuàn yòu jiāo gē wǔ shē yàn huì jù bǎo wán cǐ shāng cái yě yòng cái
苑囿，教歌舞，奢燕会[⑦]，聚宝玩，此伤财也。用财
zhě sǔn ér yíng shāng zé zhě mǎn ér fù
者，损而盈；伤则者，满而覆。

①什一：十分之一，指利益。 ②敦：研治。 ③矫激：奇怪偏激，违背常情。 ④模棱：模棱两可，指遇事不置可否。 ⑤宗党：宗亲，乡党。 ⑥束脩：十条干肉。古代人把学费称为束脩。 ⑦燕会：宴会。

shì dà fū dāng wèi tiān xià yǎng shēn bù dāng wèi tiān xià xī shēn shěng
士大夫当为天下养身，不当为天下惜身。省
shì yù jiǎn sī lǜ jiè fèn nù jié yǐn shí cǐ yǎng shēn yě guī lì
嗜欲，减思虑，戒忿怒，节饮食，此养身也。规利
hài bì láo yuàn yíng kū zhái shǒu qī zǐ cǐ xī shēn yě yǎng shēn
害，避劳怨，营窟宅，守妻子，此惜身也。养身
zhě sè ér dà xī shēn zhě fēng ér xì
者，啬[①]而大；惜身者，丰而细。

①啬：吝啬，不随便浪费财物。

chǔ shì lèi

处事类

chǔ nán chǔ zhī shì yù yí kuān chǔ nán chǔ zhī rén yù yí hòu chǔ
处难处之事愈宜宽，处难处之人愈宜厚，处
zhì jí zhī shì yù yí huǎn chǔ zhì dà zhī shì yù yí píng chǔ yí nán zhī
至急之事愈宜缓，处至大之事愈宜平，处疑难之
jì yù yí wú yì
际愈宜无意。

wú shì shí cháng zhào guǎn cǐ xīn jīng jīng rán ruò yǒu shì yǒu shì
无事时，常照管此心，兢兢①然若有事；有事
shí què fàng xià cǐ xīn tǎn tǎn rán ruò wú shì wú shì rú yǒu shì dī
时，却放下此心，坦坦②然若无事。无事如有事提
fáng cái kě mǐ yì wài zhī biàn yǒu shì rú wú shì zhèn dìng fāng kě xiāo
防，才可弭③意外之变；有事如无事镇定，方可消
jú zhōng zhī wēi
局中之危。

dāng píng cháng zhī rì yìng xiǎo shì yí yǐ yìng dà shì zhī xīn yìng zhī
当平常之日，应小事宜以应大事之心应之。
gài tiān lǐ wú xiǎo jí mù qián guān zhī biàn yǒu yī gè xié zhèng bù kě hū
盖天理无小，即目前观之，便有一个邪正，不可忽
màn gǒu jiǎn xū shěn lǐ zhī xié zhèng yǐ yìng zhī fāng kě jí biàn gù zhī lái
慢苟简，须审理之邪正以应之方可。及变故之来，

①兢兢：小心谨慎的样子。 ②坦坦：没有危险。 ③弭：止息。

chǔ dà shì yí yǐ chǔ xiǎo shì zhī xīn chǔ zhī gài rén shì suī dà zì tiān
处大事宜以处小事之心处之。盖人事虽大，自天
lǐ guān zhī zhǐ yǒu yī gè shì fēi bù kě jīng huáng shī cuò dàn píng lǐ zhī
理观之，只有一个是非，不可惊惶失措，但凭理之
shì fēi yǐ chǔ zhī biàn dé
是非以处之便得。

huǎn shì yí jí gàn mǐn zé yǒu gōng jí shì yí huǎn bàn máng zé
缓事宜急干，敏则有功；急事宜缓办，忙则
duō cuò
多错。

bù zì fǎn zhě kàn bù chū yī shēn bìng tòng bù nài fán zhě zuò
不自反者，看不出一身病痛；不耐烦者，做
bù chéng yī jiàn shì yè
不成一件事业。

rì rì xíng bù pà qiān wàn lǐ cháng cháng zuò bù pà qiān wàn shì
日日行，不怕千万里；常常做，不怕千万事。
bì yǒu róng dé nǎi dà bì yǒu rěn shì nǎi jì
必有容，德乃大；必有忍，事乃济。

guò qù shì diū dé yī jié shì yī jié xiàn zài shì liǎo dé yī
过去事，丢得一节是一节；现在事，了得一
jié shì yī jié wèi lái shì shěng dé yī jié shì yī jié
节是一节；未来事，省得一节是一节。

qiǎng bù zhī yǐ wéi zhī cǐ nǎi dà yú běn wú shì ér shēng shì
强不知以为知，此乃大愚；本无事而生事，
shì wèi bó fú
是谓薄福。

jū chǔ bì xiān jīng qín nǎi néng xián xiá fán shì wù qiú tíng tuǒ
居处①必先精勤，乃能闲暇；凡事务求停妥，
rán hòu xiāo yáo
然后逍遥。

tiān xià zuì yǒu shòu yòng shì yī xián zì rán xián zì yào cóng qín zhōng
天下最有受用，是一闲字，然闲字要从勤中
dé lái tiān xià zuì tǎo pián yí shì yī qín zì rán qín zì yào cóng xián
得来；天下最讨便宜，是一勤字，然勤字要从闲
zhōng zuò chū
中做出。

zì jǐ zuò shì qiè xū bù kě yū zhì bù kě fǎn fù bù kě suǒ
自己做事，切须不可迂滞，不可反复，不可琐
suì dài rén zuò shì jí yào nài dé yū zhì nài dé fǎn fù nài dé
碎；代人做事，极要耐得迂滞②，耐得反覆，耐得
suǒ suì
琐碎。

móu rén shì rú jǐ shì ér hòu lǜ zhī yě shěn móu jǐ shì rú rén
谋人事如己事，而后虑之也审③；谋己事如人
shì ér hòu jiàn zhī yě míng
事，而后见之也明。

wú xīn zhě gōng wú wǒ zhě míng
无心者公，无我者明。

zhì qí shēn yú shì fēi wài ér hòu kě yǐ zhé shì fēi zhī zhōng zhì
置其身于是非外，而后可以折是非之中；置
qí shēn yú lì hài zhī wài ér hòu kě yǐ guān lì hài zhī biàn
其身于利害之外，而后可以观利害之变。

---

①居处：起居处事。 ②迂滞：拖拖拉拉。 ③审：详尽，周到。

rèn shì zhě dāng zhì shēn lì hài zhī wài jiàn yán zhě dāng shè shēn
任事者，当置身利害之外；建言者，当设身
lì hài zhī zhōng
利害之中。

wú shì shí jiè yī tōu zì yǒu shì shí jiè yī luàn zì
无事时，戒一偷字；有事时，戒一乱字。

jiāng shì ér néng mǐ yù shì ér néng jiù jì shì ér néng wǎn cǐ zhī
将事而能弭，遇事而能救，既事而能挽，此之
wèi dá quán cǐ zhī wèi cái
谓达权，此之谓才。

wèi shì ér zhī lái shǐ shì ér yào zhōng dìng shì ér zhī biàn cǐ zhī
未事而知来，始事而要终，定事而知变，此之
wèi cháng lǜ cǐ zhī wèi shí
谓长虑，此之谓识。

tí de qǐ fàng de xià suàn de dào zuò de wán kàn de pò piē
提得起，放得下，算得到，做得完，看得破，撇
de kāi
得开。

jiù yǐ bài zhī shì zhě rú yù lín yá zhī mǎ xiū qīng cè yī biān
救已败之事者，如驭临崖之马，休轻策一鞭；
tú chuí chéng zhī gōng zhě rú wǎn shàng tān zhī zhōu mò shǎo tíng yī zhào
图垂成之功者，如挽上滩之舟，莫少停一棹[①]。

yǐ zhēn shí gān dǎn dài rén shì suī wèi bì chéng gōng rì hòu rén bì
以真实肝胆待人，事虽未必成功，日后人必
jiàn wǒ zhī gān dǎn yǐ zhà wěi xīn cháng chǔ shì rén jí yī shí shòu huò
见我之肝胆；以诈伪心肠处事，人即一时受惑，

①少：暂时。棹：船桨。

rì hòu rén bì jiàn wǒ zhī xīn cháng
日后人必见我之心肠。

tiān xià wú bù kě huà zhī rén dàn kǒng chéng xīn wèi zhì tiān xià wú bù kě wéi zhī shì zhǐ pà lì zhì bù jiān
天下无不可化之人，但恐诚心未至；天下无不可为之事，只怕立志不坚。

chǔ rén bù kě rèn jǐ yì yào xī rén zhī qíng chǔ shì bù kě rèn jǐ jiàn yào xī shì zhī lǐ
处人不可任己意，要悉人之情；处事不可任己见，要悉事之理。

jiàn shì guì hū míng lǐ chǔ shì guì hū xīn gōng
见事贵乎明理，处事贵乎心公。

yú tiān lǐ jí jí zhě yú rén yù bì dàn yú sī shì dān dān zhě yú gōng wù bì shū yú xū wén yì yì zhě yú běn shí bì bó
于天理汲汲[1]者，于人欲必淡。于私事耽耽[2]者，于公务必疏。于虚文熠熠[3]者，于本实必薄。

jūn zǐ dāng shì zé xiǎo rén jiē wéi jūn zǐ zhì cǐ bù wéi jūn zǐ zhēn xiǎo rén yě xiǎo rén dāng shì zé zhōng rén jiē wéi xiǎo rén zhì cǐ bù wéi xiǎo rén zhēn jūn zǐ yě
君子当事，则小人皆为君子，至此不为君子，真小人也。小人当事，则中人皆为小人，至此不为小人，真君子也。

jū guān xiān hòu mín fēng chǔ shì xiān qiú dà tǐ
居官先厚民风，处事先求大体。

lùn rén dāng jié qǔ qí cháng qǔ liàng qí duǎn zuò shì bì xiān shěn qí
论人当节取其长，曲谅其短；做事必先审其

①汲汲：急切的样子。 ②耽耽：专注的样子。 ③熠熠：光彩闪烁的样子。

hài hòu jì qí lì
害，后计其利。

xiǎo rén chǔ shì yú lì hé zhě wéi lì yú lì bèi zhě wéi hài
小人处事，于利合者为利，于利背者为害；
jūn zǐ chǔ shì yú yì hé zhě wéi lì yú yì bèi zhě wéi hài
君子处事，于义合者为利，于义背者为害。

zhǐ rén qíng shì gù shú le shèn me dà shì zuò bù dào zhǐ tiān lǐ
只人情世故熟了，甚么大事做不到？只天理
rén xīn hé le shèn me hǎo shì zuò bù chéng zhǐ yī shì bù liú xīn biàn
人心合了，甚么好事做不成？只一事不留心，便
yǒu yī shì bù dé qí lǐ zhǐ yī wù bù liú xīn biàn yǒu yī wù bù dé
有一事不得其理；只一物不留心，便有一物不得
qí suǒ
其所。

shì dào shǒu qiě mò jí biàn yào huǎn huǎn xiǎng xiǎng dé shí qiè mò
事到手，且莫急，便要缓缓想；想得时，切莫
huǎn biàn yào jí jí xíng
缓，便要急急行。

shì yǒu jī yuán bù xiān bù hòu gāng gāng còu qiǎo mìng ruò cèng dèng
事有机缘，不先不后，刚刚凑巧；命若蹭蹬[①]，
zǒu lái zǒu qù bù bù tà kōng
走来走去，步步踏空。

①蹭蹬：比喻困顿不顺利。

jiē wù lèi

接物类

shì shǔ ài mèi yào sī huí hù tā zhuó bù dé yī diǎn gōng jié
事属暧昧，要思回护他，著不得一点攻讦[1]
de niàn tóu rén shǔ hán wēi yào sī jīn lǐ tā zhuó bù dé yī háo ào
的念头；人属寒微，要思矜礼[2]他，著不得一毫傲
nì de qì xiàng
睨[3]的气象。

fán yī shì ér guān rén zhōng shēn zòng què jiàn shí wén bù kě zhuó kǒu
凡一事而关人终身，纵确见实闻，不可著口；
fán yī yǔ ér shāng wǒ zhǎng hòu suī xián tán jiǔ xuè shèn wù xíng yán
凡一语而伤我长厚，虽闲谈酒谑[4]，慎勿形言。

yán zhe cǐ xīn yǐ jù wài yòu xū rú yī tuán liè huǒ yù wù
严著此心以拒外诱，须如一团烈火，遇物
jí shāo kuān zhe cǐ xīn yǐ dài tóng qún xū rú yī piàn yáng chūn wú rén
即烧；宽著此心以待同群，须如一片阳春，无人
bù nuǎn
不暖。

dài jǐ dāng cóng wú guò zhōng qiú yǒu guò fēi dú jìn dé yì qiě
待己当从无过中求有过，非独进德，亦且
miǎn huàn dài rén dāng yú yǒu guò zhōng qiú wú guò fēi dàn cún hòu yì qiě
免患；待人当于有过中求无过，非但存厚，亦且

①攻讦：攻击别人的短处或揭发别人的隐私。 ②矜礼：尊重，礼遇。 ③傲睨：傲慢轻视。 ④谑：开玩笑。

jiě yuàn
解怨。

shì hòu ér yì rén dé shī chuī máo suǒ gòu bù kěn sī háo fàng kuān
事后而议人得失，吹毛索垢，不肯丝毫放宽，
shì sī jǐ dāng qí jú wèi bì néng xiào bǐ wàn yī páng guān ér lùn rén duǎn
试思己当其局，未必能效彼万一；旁观而论人短
cháng jué yǐn zhāi wēi bù liú xiē xū yú dì shì sī jǐ shòu qí huǐ wèi
长，抉隐摘微[1]，不留些须余地，试思己受其毁，未
bì néng ān yì shùn chéng
必能安意顺承。

yù shì zhǐ yī wèi zhèn dìng cóng róng suī fēn ruò luàn sī zhōng dāng
遇事只一味镇定从容，虽纷若乱丝，终当
jiù xù dài rén wú bàn háo jiǎo wěi qī zhà zòng jiǎo rú shān guǐ yì zì
就绪；待人无半毫矫伪欺诈，纵狡如山鬼，亦自
xiàn chéng
献诚。

gōng shēng míng chéng shēng míng cóng róng shēng míng
公生明，诚生明，从容生明。

rén hào gāng wǒ yǐ róu shèng zhī rén yòng shù wǒ yǐ chéng gǎn zhī
人好刚，我以柔胜之。人用术，我以诚感之。
rén shǐ qì wǒ yǐ lǐ qū zhī
人使气，我以理屈之。

róu néng zhì gāng yù chì zǐ ér bēn yù shī qí yǒng nè néng qū
柔能制刚，遇赤子而贲、育失其勇[2]；讷[3]能屈

---

①抉隐摘微：形容故意挑毛病。 ②贲、育：战国时的勇士孟贲和夏育，泛指勇士。 ③讷：语言迟钝。

biàn féng yīn zhě ér yí qín zhuō yú cí
辩，逢喑者而仪、秦拙于词①。

kùn tiān xià zhī zhì zhě bù zài zhì ér zài yú qióng tiān xià zhī biàn
困天下之智者，不在智而在愚。穷天下之辩
zhě bù zài biàn ér zài nè fú tiān xià zhī yǒng zhě bù zài yǒng ér
者，不在辩而在讷。伏天下之勇者，不在勇而
zài qiè
在怯。

yǐ nài shì liǎo tiān xià zhī duō shì yǐ wú xīn xī tiān xià zhī zhēng xīn
以耐事了天下之多事，以无心息天下之争心。

hé yǐ xī bàng yuē wú biàn hé yǐ zhǐ yuàn yuē bù zhēng
何以息谤？曰无辩。何以止怨？曰不争。

rén zhī bàng wǒ yě yǔ qí néng biàn bù rú néng róng rén zhī wǔ
人之谤我也，与其能辩，不如能容；人之侮
wǒ yě yǔ qí néng fáng bù rú néng huà
我也，与其能防，不如能化。

shì fēi wō lǐ rén yòng kǒu wǒ yòng ěr rè nào chǎng zhōng rén xiàng
是非窝里，人用口，我用耳；热闹场中，人向
qián wǒ luò hòu
前，我落后。

guān shì jiān jí è shì zé yī shěng yī tè jìn kě yōu róng niàn
观世间极恶事，则一眚一慝②，尽可优容；念
gǔ lái jí yuān rén zé yī huǐ yī rǔ hé xū jì jiào
古来极冤人，则一毁一辱，何须计较！

bǐ zhī lǐ shì wǒ zhī lǐ fēi wǒ ràng zhī bǐ zhī lǐ fēi wǒ
彼之理是，我之理非，我让之；彼之理非，我

---

①喑：哑。仪、秦：指战国时期辩士张仪和苏秦，泛指能言善辩的人。 ②眚：过错。慝：邪恶，恶念。

zhī lǐ shì wǒ róng zhī
之理是，我容之。

néng róng xiǎo rén shì dà rén néng péi bó dé shì hòu dé
能容小人，是大人；能培薄德，是厚德。

wǒ bù shí hé děng wéi jūn zǐ dàn kàn měi shì kěn chī kuī de biàn shì wǒ bù shí hé děng wéi xiǎo rén dàn kàn měi shì hào pián yí de biàn shì
我不识何等为君子，但看每事肯吃亏的便是；我不识何等为小人，但看每事好便宜的便是。

lǜ shēn wéi lián wéi yí chǔ shì yǐ tuì wéi shàng
律身惟廉为宜，处世以退为尚。

yǐ rén yì cún xīn yǐ qín jiǎn zuò jiā yǐ rěn ràng jiē wù
以仁义存心，以勤俭作家，以忍让接物。

jìng lù zhǎi chù liú yī bù yǔ rén xíng zī wèi nóng de jiǎn sān fēn ràng rén cháng
径①路窄处，留一步与人行；滋味浓底②，减三分让人尝。

rèn nán rèn zhī shì yào yǒu lì ér wú qì chǔ nán chǔ zhī rén yào yǒu zhī ér wú yán
任③难任之事，要有力而无气；处④难处之人，要有知而无言。

qióng kòu bù kě zhuī yě dùn cí bù kě gōng yě pín mín bù kě wēi yě
穷寇⑤不可追也，遁辞⑥不可攻也，贫民不可威也。

huò mò dà yú bù chóu rén ér yǒu chóu rén zhī cí sè chǐ mò dà
祸莫大于不仇人，而有仇人之辞色；耻莫大

①径：小路。 ②底：的。 ③任：担当。 ④处：对待。 ⑤穷寇：势穷力竭的敌人。 ⑥遁辞：理屈词穷或不愿以真情告人时，暂时用来搪塞的话。

yú bù ēn rén ér zuò ēn rén zhī zhuàng tài
于不恩人，而作恩人之状态。

ēn pà xiān yì hòu sǔn wēi pà xiān sōng hòu jǐn
恩怕先益后损，威怕先松后紧。

shàn yòng wēi zhě bù qīng nù shàn yòng ēn zhě bù wàng shī
善用威者不轻怒，善用恩者不妄施。

kuān hòu zhě wú shǐ rén yǒu suǒ shì jīng míng zhě bù shǐ rén wú
宽厚者，毋使人有所恃；精明者，不使人无
suǒ róng
所容。

shì yǒu zhī qí dāng biàn ér bù dé bù yīn zhě shàn jiù zhī ér
事有知其当变，而不得不因[1]者，善救之而
yǐ yǐ rén yǒu zhī qí dāng tuì ér bù dé bù yòng zhě shàn yù zhī ér
已矣；人有知其当退，而不得不用者，善驭[2]之而
yǐ yǐ
已矣。

qīng xìn qīng fā tīng yán zhī dà jiè yě yù jī yù lì zé shàn
轻信轻发，听言之大戒也；愈激愈厉，责善
zhī dà jiè yě
之大戒也。

chǔ shì xū liú yú dì zé shàn qiè jiè jìn yán
处事须留余地，责善切戒尽言。

shī zài wǒ yǒu yú zhī huì zé kě yǐ guǎng dé liú zài rén bù jìn
施在我有余之惠，则可以广德；留在人不尽
zhī qíng zé kě yǐ quán jiāo
之情，则可以全交。

---

①因：因循，随顺。 ②驭：驾驭。

gǔ rén ài rén zhī yì duō gù rén yì yú gǎi guò ér shì wǒ yě
古人爱人之意多，故人易于改过，而视我也
cháng qīn wǒ zhī jiào yì yì xíng jīn rén è rén zhī yì duō gù rén gān
常亲，我之教益易行；今人恶人之意多，故人甘
yú zì qì ér shì wǒ yě cháng chóu wǒ zhī yán bì bù rù
于自弃，而视我也常仇，我之言必不入。

xǐ wén rén guò bù ruò xǐ wén jǐ guò lè dào jǐ shàn hé rú
喜闻人过，不若喜闻己过；乐道己善，何如
lè dào rén shàn
乐道人善！

tīng qí yán bì guān qí xíng shì qǔ rén zhī dào shī qí yán bù
听其言，必观其行，是取人之道；师其言，不
wèn qí xíng shì qǔ shàn zhī fāng
问其行，是取善之方。

lùn rén zhī fēi dāng yuán qí xīn bù kě tú nì qí jì qǔ rén
论人之非，当原其心，不可徒泥[1]其迹；取人
zhī shàn dāng jù qí jì bù bì shēn jiū qí xīn
之善，当据其迹，不必深究其心。

xiǎo rén yì yǒu hǎo chù bù kě wù qí rén bìng mò qí shì jūn
小人亦有好处，不可恶其人，并没其是；君
zǐ yì yǒu guò chā bù kě hào qí rén bìng shì qí fēi
子亦有过差，不可好其人，并饰其非。

xiǎo rén gù dāng yuǎn rán duàn bù kě xiǎn wéi chóu dí jūn zǐ gù dāng
小人固当远，然断[2]不可显为仇敌；君子固当
qīn rán yì bù kě qū wéi fù hè
亲，然亦不可曲为附和[3]。

---

①泥：拘泥。 ②断：绝对。 ③曲为附和：委曲求全，随声附和。

dài xiǎo rén yí kuān fáng xiǎo rén yí yán
待小人宜宽，防小人宜严。

wén è bù kě jù nù kǒng wéi chán fū xiè fèn wén shàn bù kě
闻恶不可遽[1]怒，恐为谗夫泄忿[2]；闻善不可
jiù qīn kǒng yǐn jiān rén jìn shēn
就亲，恐引奸人进身。

xiān qù sī xīn ér hòu kě yǐ zhì gōng shì xiān píng jǐ jiàn ér
先去私心，而后可以治公事；先平己见，而
hòu kě yǐ tīng rén yán
后可以听人言。

xiū jǐ yǐ qīng xīn wéi yào shè shì yǐ shèn yán wéi xiān
修己[3]以清心为要，涉世[4]以慎言为先。

è mò dà yú zòng jǐ zhī yù huò mò dà yú yán rén zhī fēi
恶莫大于纵己之欲，祸莫大于言人之非。

rén shēng wéi jiǔ sè jī guān xū bǎi liàn cǐ shēn chéng tiě hàn shì
人生惟酒色机关[5]，须百炼此身成铁汉[6]；世
shàng yǒu shì fēi mén hù yào sān jiān qí kǒu xué jīn rén
上有是非门户，要三缄其口学金人[7]。

gōng yú lùn rén zhě chá jǐ cháng kuò shū niǔ yú jié zhí zhě
工[8]于论人者，察己常阔疏[9]；狃于讦直者[10]，
fā yán duō bì bìng
发言多弊病。

rén qíng měi jiàn yī rén shǐ yǐ wéi kě qīn jiǔ ér yàn shēng yòu
人情[11]每见一人，始以为可亲，久而厌生，又

---

①遽：骤然。 ②谗夫：指喜欢背后说别人坏话的人。泄忿：发泄愤恨。 ③修己：即“修身”，努力提高自己的品德修养。 ④涉世：经历世事。 ⑤机关：指周密而巧妙的计谋或计策。 ⑥铁汉：比喻坚强不屈的人。 ⑦缄：封闭。金人：铜铸的人像。《孔子家语·观周》：“孔子观周，遂入太祖后稷之庙。庙堂右阶之前有金人焉。三缄其口，而铭其背曰：‘古之慎言人也。’” ⑧工：擅长。 ⑨阔疏：宽松疏略，不切实际。 ⑩狃：习以为常。讦：攻击别人的短处或揭发别人的阴私。 ⑪人情：人之常情。

yǐ wéi kě wù fēi míng yú lǐ ér fù tǐ zhī yǐ qíng wèi yǒu bù gē
以为可恶，非明于理而复体①之以情，未有不割
xí zhě rén qíng měi chǔ yī jìng shǐ yǐ wéi shèn lè jiǔ ér shēng yàn
席②者；人情每处一境，始以为甚乐，久而生厌，
yòu yǐ wéi shèn kǔ fēi píng qí xīn ér fù jì zhī yǐ yǎng wèi yǒu bù sī
又以为甚苦，非平其心而复济之以养，未有不思
qiān zhě
迁者。

guān fù guì rén dāng guān qí qì gài rú wēn hòu hé píng zhě zé
观富贵人，当观其气概③，如温厚和平者，则
qí róng bì jiǔ ér qí hòu bì chāng guān pín jiàn rén dāng guān qí dù
其荣必久，而其后必昌④；观贫贱人，当观其度
liàng rú kuān hóng tǎn dàng zhě zé qí fú bì zhēn ér qí jiā bì yù
量，如宽宏坦荡者，则其福必臻⑤，而其家必裕。

kuān hòu zhī rén wú shī yǐ yǎng liàng zhěn mì zhī rén wú shī yǐ liàn
宽厚之人，吾师以养量。缜密之人，吾师以炼
shí cí huì zhī rén wú shī yǐ yù xià jiǎn yuē zhī rén wú shī yǐ jū
识。慈惠之人，吾师以御下。俭约之人，吾师以居
jiā míng tōng zhī rén wú shī yǐ shēng huì zhì pǔ zhī rén wú shī yǐ cáng
家。明通之人，吾师以生慧。质朴之人，吾师以藏
zhuō cái zhì zhī rén wú shī yǐ yìng biàn jiān mò zhī rén wú shī yǐ cún
拙。才智之人，吾师以应变。缄默之人，吾师以存
shén qiān gōng shàn xià zhī rén wú shī yǐ qīn shī yǒu bó xué qiáng zhì zhī
神。谦恭善下之人，吾师以亲师友。博学强识之

①体：设身处地为人着想。②割席：古人称朋友绝交为“割席”。③气概：在对待严重问题上表现的态度、举动或气势。④昌：兴盛。⑤臻：达到。

rén　wú shī yǐ guǎng jiàn wén
人，吾师以广见闻。

jū shì qí suǒ qīn　fù shì qí suǒ yǔ　dá shì qí suǒ jǔ　qióng shì
居视其所亲，富视其所与，达视其所举，穷视
qí suǒ bù wéi　pín shì qí suǒ bù qǔ
其所不为，贫视其所不取。

qǔ rén zhī zhí　shù qí gàn　qǔ rén zhī pǔ　shù qí yú　qǔ
取人之直，恕其戆[1]。取人之朴，恕其愚。取
rén zhī jiè　shù qí ài　qǔ rén zhī jìng　shù qí shū　qǔ rén zhī biàn
人之介[2]，恕其隘。取人之敬，恕其疏。取人之辩，
shù qí sì　qǔ rén zhī xìn　shù qí jū
恕其肆[3]。取人之信，恕其拘。

yù gāng gěng rén　xū nài tā lì qì　yù jùn yì rén　xū nài
遇刚鲠[4]人，须耐他戾气[5]。遇骏逸[6]人，须耐
tā wàng qì　yù pǔ hòu rén　xū nài tā zhì qì　yù tiāo tà rén
他妄气[7]。遇朴厚[8]人，须耐他滞气[9]。遇佻达[10]人，
xū nài tā fú qì
须耐他浮气[11]。

rén biǎn jí　wǒ shòu zhī yǐ kuān hóng　rén xiǎn zè　wǒ píng zhī yǐ
人褊急[12]，我受之以宽宏；人险仄[13]，我平之以
tǎn dàng
坦荡。

jiān rén zhà ér hào míng　tā xíng shì yǒu què sì jūn zǐ chù　yū rén
奸人诈而好名，他行事有确似君子处；迂人

---

①戆：愚而刚直。　②介：独特。　③肆：这里指不受拘束，放肆、张扬。　④刚鲠：刚强耿直。　⑤戾气：此处指暴躁的脾气。　⑥骏逸：指才智过人、潇洒而不受拘束的人。　⑦妄气：纵情任性或放荡骄恣的态度。　⑧朴厚：纯朴忠厚。　⑨滞气：拘束、迟钝或固执而不知变通的样子。　⑩佻达：轻薄，戏谑。　⑪浮气：虚浮不实的态度。　⑫褊急：心胸狭隘又性情急躁。　⑬险仄：形容阴险狡诈、心胸狭隘。

zhí ér bù huà qí jué liè yǒu shèn yú xiǎo rén shí
执而不化，其决裂有甚于小人时。

chí shēn bù kě tài jiǎo jié yī qiè wū rǔ gòu huì yào rú nà dé
持身不可太皎洁，一切污辱垢秽，要茹纳[①]得；

chǔ shì bù kě tài fēn míng yī qiè xián yú hǎo chǒu yào bāo róng dé
处世不可太分明，一切贤愚好丑，要包容得。

yǔ zhòu zhī dà hé wù bù yǒu shǐ zé wù ér qǔ zhī ān dé bié lì yǔ zhòu zhì cǐ suǒ hán zhī wù rén xīn zhī guǎng hé rén bù róng shǐ zé rén ér hào zhī ān yǒu bié gè rén xīn fù róng suǒ wù zhī rén
宇宙之大，何物不有？使择物而取之，安得别立宇宙，置此所含之物？人心之广，何人不容？使择人而好之，安有别个人心，复容所恶之人？

dé shèng zhě qí xīn hé píng jiàn rén jiē kě qǔ gù kǒu zhōng suǒ xǔ kě zhě duō dé bó zhě qí xīn kè ào jiàn rén jiē kě zēng gù mù zhōng suǒ bǐ qì zhě zhòng
德盛者，其心和平，见人皆可取，故口中所许可者多；德薄者，其心刻傲，见人皆可憎，故目中所鄙弃者众。

lǜ jǐ yí dài qiū fēng chǔ shì xū dài chūn fēng
律己宜带秋风，处世须带春风。

shàn chǔ shēn zhě bì shàn chǔ shì bù shàn chǔ shì zéi shēn zhě yě shàn chǔ shì zhě bì yán xiū shēn bù yán xiū shēn mèi shì zhě yě
善处身者，必善处世；不善处世，贼身[②]者也。善处世者，必严修身；不严修身，媚世[③]者也。

①茹纳：忖量、揣度而容纳。 ②贼身：毁坏自身。 ③媚世：讨好世俗。引申为迎合世俗、随波逐流。

ài rén ér rén bù ài jìng rén ér rén bù jìng jūn zǐ bì zì
爱人而人不爱，敬人而人不敬，君子必自
fǎn yě ài rén ér rén jí ài jìng rén ér rén jí jìng jūn zǐ yì jiā
反也；爱人而人即爱，敬人而人即敬，君子益加
jǐn yě
谨也。

rén ruò jìn xián liáng pì rú zhǐ yī zhāng yǐ zhǐ bāo lán shè yīn xiāng
人若近贤良，譬如纸一张，以纸包兰麝，因香
ér dé xiāng rén ruò jìn xié yǒu pì rú yī zhī liǔ yǐ liǔ guàn yú biē
而得香。人若近邪友，譬如一枝柳，以柳贯鱼鳖，
yīn chòu ér dé chòu
因臭而得臭。

rén wèi jǐ zhī bù kě jí qiú qí zhī rén wèi jǐ hé bù kě
人未己知，不可急求其知；人未己合，不可
jí yǔ zhī hé
急与之合。

luò luò zhě nán hé yī hé biàn bù kě lí xīn xīn zhě yì qīn
落落[①]者难合，一合便不可离；欣欣[②]者易亲，
zhà qīn hū rán chéng yuàn
乍亲忽然成怨。

néng mèi wǒ zhě bì néng hài wǒ yí jiā yì fáng zhī kěn guī yú
能媚我者，必能害我，宜加意防之；肯规予
zhě bì kěn zhù yú yí qīng xīn tīng zhī
者，必肯助予，宜倾心听之。

chū yī gè dà shāng yuán qì jìn shì bù rú chū yī gè néng jī yīn
出一个大伤元气[③]进士，不如出一个能积阴

①落落：孤独的样子。 ②欣欣：欢喜自得的样子。 ③元气：精神，生气。这里指生命力。

dé píng mín　jiāo yī gè dú pò wàn juàn xié shì　bù rú jiāo yī gè bù shí
德平民；交一个读破万卷邪士，不如交一个不识
yī zì duān rén
一字端人[①]。

wú shì shí　mái cáng zhe xǔ duō xiǎo rén　duō shì shí　shí pò le
无事时，埋藏著许多小人；多事时，识破了
xǔ duō jūn zǐ
许多君子。

yī zhǒng rén nán yuè yì nán shì　zhǐ shì dù liàng biǎn xiá　bù shī wéi
一种人难悦亦难事，只是度量褊狭，不失为
jūn zǐ　yī zhǒng rén yì shì yì yì yuè　zhè shì tān wū ruǎn ruò　bù miǎn
君子；一种人易事亦易悦，这是贪污软弱，不免
wéi xiǎo rén
为小人。

dà è duō cóng róu chù fú　shèn fáng mián lǐ zhī zhēn　shēn chóu cháng zì
大恶多从柔处伏，慎防绵里之针；深仇常自
ài zhōng lái　yí fáng dāo tóu zhī mì
爱中来，宜防刀头之蜜。

huì wǒ zhě xiǎo ēn　xié wǒ wéi shàn zhě dà ēn　hài wǒ zhě xiǎo chóu
惠我者小恩，携我为善者大恩；害我者小仇，
yǐn wǒ wéi bù shàn zhě dà chóu
引我为不善者大仇。

wú shòu xiǎo rén sī ēn　shòu zé ēn bù kě chóu　wú fàn shì fū gōng
毋受小人私恩，受则恩不可酬。毋犯士夫公
nù　fàn zé nù bù kě jiù
怒，犯则怒不可救。

①端人：品行端正的人。

xǐ shí shuō jìn zhī xīn dào shī huān xū fáng fā xiè nǎo shí shuō jìn

喜时说尽知心，到失欢须防发泄；恼时说尽

shāng xīn kǒng zài hǎo zì jué xiū cán

伤心，恐再好自觉羞惭。

shèng xǐ zhōng wù xǔ rén wù shèng nù zhōng wù dá rén yán

盛喜中勿许人物，盛怒中勿答人言。

wán shí zhī zhōng liáng yù yǐn yān hán huī zhī zhōng xīng huǒ yù yān

顽石之中，良玉隐焉。寒灰之中，星火寓焉。

jìng zuò cháng sī jǐ guò xián tán mò lùn rén fēi

静坐常思己过，闲谈莫论人非。

duì chī rén mò shuō mèng huà fáng suǒ wù yě jiàn duǎn rén mò shuō ǎi

对痴人莫说梦话，防所误也；见短人莫说矮

huà bì suǒ jì yě

话，避所忌也。

miàn yú zhī cí yǒu shí zhě wèi bì yuè xīn bèi hòu zhī yì shòu

面谀之词，有识者未必悦心；背后之议，受

hàn zhě cháng zhì kè gǔ

憾①者常至刻骨。

gōng rén zhī è wú tài yán yào sī qí kān shòu jiāo rén yǐ shàn wú

攻人之恶毋太严，要思其堪受；教人以善毋

guò gāo dāng shǐ qí kě cóng

过高，当使其可从。

hù xiāng tóng zǐ zé jìn zhī kāi qí shàn yě quē dǎng tóng zǐ zé

互乡童子②则进之，开其善也；阙党童子③则

yì zhī miǎn qí xué yě

抑之，勉其学也。

①憾：心怀怨气的人。 ②互乡童子：代指没有受到良好教育的学生。 ③阙党童子：代指受到良好教育的学生。

bù kě wú bù kě yī shì zhī shí bù kě yǒu bù kě yī rén
不可无不可，一世之识；不可有不可，一人
zhī xīn
之心。

shì yǒu jí zhī bù bái zhě huǎn zhī huò zì míng wú jí zào yǐ sù
事有急之不白者，缓之或自明，毋急躁以速
qí lì rén yǒu cāo zhī bù cóng zhě zòng zhī huò zì huà wú cāo qiè yǐ
其戾①；人有操之不从者，纵之或自化，毋操切以
yì qí wán
益其顽②。

yù jīn cái zhě wú yǐ cái xiāng jīn dàn yǐ yú dí qí cái biàn
遇矜才③者，毋以才相矜，但以愚敌其才，便
kě yā dǎo yù xuàn qí zhě wú yǐ qí xiāng xuàn dàn yǐ cháng dí qí qí
可压倒；遇炫奇者，毋以奇相炫，但以常敌其奇，
biàn kě pò chú
便可破除。

zhí dào shì rén xū zhōng yù wù
直道事人，虚衷御物。

bù jìn rén qíng jǔ zú jìn shì wēi jī bù tǐ wù qíng yī shēng
不近人情，举足尽是危机；不体物情，一生
jù chéng mèng jìng
俱成梦境。

jǐ xìng bù kě rèn dāng yòng nì fǎ zhì zhī qí dào zài yī rěn zì
己性不可任，当用逆法制之，其道在一"忍"字；
rén xìng bù kě fú dāng yòng shùn fǎ tiáo zhī qí dào zài yī shù zì
人性不可拂④，当用顺法调之，其道在一"恕"字。

---

①戾：违反。②操切：处理事情过于鲁莽急躁。益：增加。③矜才：自以为有才能而好夸耀。④拂：违背。

chóu mò shēn yú bù tǐ rén zhī sī ér yòu kǔ zhī huò mò dà yú
仇莫深于不体人之私，而又苦之；祸莫大于
bù huì rén zhī duǎn ér yòu jié zhī
不讳人之短，而又讦之。

rǔ rén yǐ bù kān bì fǎn rǔ shāng rén yǐ yǐ shèn bì fǎn shāng
辱人以不堪必反辱，伤人以已甚必反伤。

chǔ fù guì zhī shí yào zhī pín jiàn de tòng yǎng zhí shào zhuàng zhī rì
处富贵之时，要知贫贱的痛痒；值少壮之日，
xū niàn shuāi lǎo de xīn suān
须念衰老的辛酸。

rù ān lè zhī chǎng dāng tǐ huàn nàn rén jǐng kuàng jū páng guān zhī dì
入安乐之场，当体患难人景况；居旁观之地，
wù xī jú nèi rén kǔ xīn
务悉局内人苦心。

lín shì xū tì bié rén xiǎng lùn rén xiān jiāng zì jǐ xiǎng
临事须替别人想，论人先将自己想。

yù shèng rén zhě xiān zì shèng yù lùn rén zhě xiān zì lùn yù zhī rén
欲胜人者先自胜，欲论人者先自论，欲知人
zhě xiān zì zhī
者先自知。

dài rén sān zì fǎn chǔ shì liǎng rú hé
待人三自反，处世两如何。

dài fù guì rén bù nán yǒu lǐ ér nán yǒu tǐ dài pín jiàn rén
待富贵人，不难有礼而难有体；待贫贱人，
bù nán yǒu ēn ér nán yǒu lǐ
不难有恩而难有礼。

duì chóu rén wù lè duì kū rén wù xiào duì shī yì rén wù jīn
对愁人勿乐，对哭人勿笑，对失意人勿矜。

jiàn rén bèi yǔ wù qīng ěr qiè tīng rù rén sī shì wù cè mù páng
见人背语，勿倾耳窃听。入人私室，勿侧目旁
guān dào rén àn tóu wù xìn shǒu luàn fān
观。到人案头，勿信手乱翻。

bù dǎo wú rén zhī shì bù rù yǒu shì zhī mén bù chǔ cáng wù
不蹈无人之室，不入有事之门，不处藏物
zhī suǒ
之所。

sú yǔ jìn yú shì xiān yǔ jìn yú chāng hùn yǔ jìn yú yōu
俗语近于市，纤语[①]近于娼，诨语近于优[②]。

wén jūn zǐ yì lùn rú chuò kǔ míng sēn yán zhī hòu gān fāng yì
闻君子议论，如啜苦茗，森严之后，甘芳溢
jiá wén xiǎo rén chǎn xiào rú jiáo táng shuāng shuǎng měi zhī hòu hán hù
颊；闻小人谄笑，如嚼糖霜，爽美之后，寒冱[③]
níng xiōng
凝胸。

fán wéi wài suǒ shèng zhě jiē nèi bù zú fán wéi xié suǒ duó zhě
凡为外所胜者，皆内不足；凡为邪所夺者，
jiē zhèng bù zú
皆正不足。

cún hū tiān zhě yú wǒ wú yǔ yě qióng tōng dé sàng wú tīng zhī ér
存乎天者，于我无与也；穷通得丧，吾听之而
yǐ cún hū wǒ zhě yú rén wú yǔ yě huǐ yù shì fēi wú zhì zhī ér yǐ
已。存乎我者，于人无与也；毁誉是非，吾置之而已。

xiǎo rén lè wén jūn zǐ zhī guò jūn zǐ chǐ wén xiǎo rén zhī è
小人乐闻君子之过，君子耻闻小人之恶。

---

①纤语：挑逗的语言。 ②诨语：诙谐逗趣的话。优：即优伶，古代以乐舞戏谑为业的艺人。 ③冱：冻结。

mù rén shàn zhě wù wèn qí suǒ yǐ shàn kǒng nǐ yì zhī niàn shēng

慕人善者，勿问其所以善，恐拟议①之念生，

ér xiào fǎ zhī niàn wēi yǐ jì rén qióng zhě wù wèn qí suǒ yǐ qióng kǒng

而效法之念微矣！济人穷者，勿问其所以穷，恐

zēng wù zhī xīn shēng ér cè yǐn zhī xīn mǐn yǐ

憎恶之心生，而恻隐之心泯矣！

shí qióng shì cù zhī rén dāng yuán qí chū xīn gōng chéng míng lì zhī

时穷势蹙②之人，当原其初心；功成名立之

shì dāng guān qí mò lù

士，当观其末路。

zōng duō lì luàn dìng yǒu bì bù dé yǐ zhī sī yán dào zhī lí

踪多历乱，定有必不得已之私；言到支离，

cái shì wú kě nài hé zhī chù

才是无可奈何之处。

huì bù zài dà zài hū dāng è yuàn bù zài duō zài hū shāng xīn

惠不在大，在乎当厄；怨不在多，在乎伤心。

wú yǐ xiǎo xián shū zhì qī wú yǐ xīn yuàn wàng jiù ēn

毋以小嫌疏至戚，毋以新怨忘旧恩。

liǎng huì wú bù shì zhī yuàn liǎng qiú wú bù hé zhī jiāo liǎng nù wú

两惠无不释之怨，两求无不合之交，两怒无

bù chéng zhī huò

不成之祸。

gǔ zhī míng wàng xiāng jìn zé xiāng dé jīn zhī míng wàng xiāng jìn zé

古之名望相近则相得，今之名望相近则

xiāng dù

相妒。

---

①拟议：行动之前的考虑和议论。 ②蹙：紧迫。

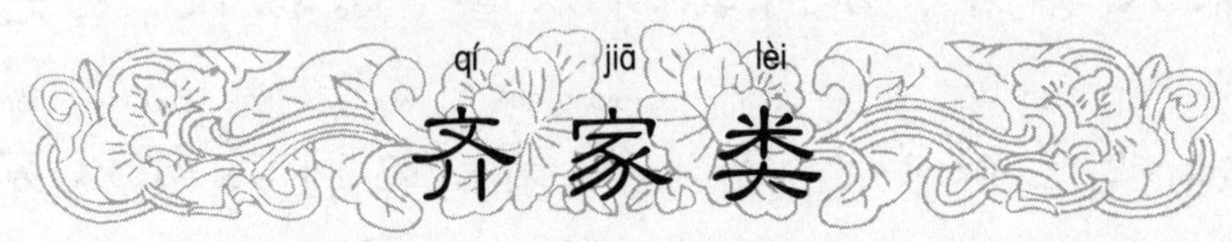

qí jiā lèi

齐家类

qín jiǎn zhì jiā zhī běn hé shùn qí jiā zhī běn jǐn shèn bǎo jiā
勤俭，治家之本。和顺，齐家之本。谨慎，保家
zhī běn shī shū qǐ jiā zhī běn zhōng xiào chuán jiā zhī běn
之本。诗书，起家之本。忠孝，传家之本。

yǐ fù mǔ zhī xīn wéi xīn tiān xià wú bù yǒu zhī xiōng dì yǐ zǔ
以父母之心为心，天下无不友之兄弟。以祖
zōng zhī xīn wéi xīn tiān xià wú bù zhī zhī zú rén yǐ tiān dì zhī xīn wéi
宗之心为心，天下无不知之族人。以天地之心为
xīn tiān xià wú bù ài zhī mín wù
心，天下无不爱之民物。

rén jūn yǐ tiān dì zhī xīn wéi xīn rén zǐ yǐ fù mǔ zhī xīn wéi
人君以天地之心为心，人子以父母之心为
xīn tiān xià wú bù yī zhī xīn yǐ chén gōng yǐ cháo tíng zhī shì wéi shì
心，天下无不一之心矣；臣工以朝廷之事为事，
nú pú yǐ jiā zhǔ zhī shì wéi shì tiān xià wú bù yī zhī shì yǐ
奴仆以家主之事为事，天下无不一之事矣。

xiào mò cí láo zhuǎn yǎn biàn wéi rén fù mǔ shàn wú wàng bào huí
孝莫辞劳，转眼便为人父母；善毋望报，回
tóu dàn kàn ěr ér sūn
头但看尔儿孙。

zǐ zhī xiào bù rú shuài fù yǐ wéi xiào fù néng yǎng qīn zhě yě gōng
子之孝，不如率妇以为孝，妇能养亲者也。公

gū dé yī xiào fù shèng rú dé yī xiào zǐ fù zhī xiào bù rú dǎo sūn yǐ
姑得一孝妇，胜如得一孝子。妇之孝，不如导孙以
wéi xiào sūn néng yú qīn zhě yě zǔ fù dé yī xiào sūn yòu zēng yī bèi
为孝，孙能娱亲者也。祖父得一孝孙，又增一辈
xiào zǐ
孝子。

fù mǔ suǒ yù wéi zhě wǒ jì shù zhī fù mǔ suǒ zhòng niàn zhě
父母所欲为者，我继述之；父母所重念者，
wǒ qīn hòu zhī
我亲厚之。

hūn ér lùn cái jiū yě fū fù zhī dào sàng zàng ér qiú fú jiū
婚而论财，究也夫妇之道丧；葬而求福，究
yě fù zǐ zhī ēn jué
也父子之恩绝。

jūn zǐ yǒu zhōng shēn zhī sàng jì rì shì yě jūn zǐ yǒu bǎi shì zhī
君子有终身之丧，忌日是也；君子有百世之
yǎng qiū mù shì yě
养，邱墓是也。

xiōng dì yī kuài ròu fù rén shì dāo zhuī xiōng dì yī fǔ gēng fù
兄弟一块肉，妇人是刀锥；兄弟一釜羹，妇
rén shì yán méi
人是盐梅。

xiōng dì hé qí zhōng zì lè zǐ sūn xián cǐ wài hé qiú
兄弟和，其中自乐；子孙贤，此外何求！

xīn shù bù kě dé zuì yú tiān dì yán xíng yào liú hǎo yàng yǔ ér sūn
心术不可得罪于天地，言行要留好样与儿孙。

xiàn zài zhī fú jī zì zǔ zōng zhě bù kě bù xī jiāng lái zhī
现在之福，积自祖宗者，不可不惜；将来之

福，贻于子孙者，不可不培。现在之福如点灯，随点则随竭；将来之福如添油，愈添则愈明。

问祖宗之泽，吾享者是，当念积累之难；问子孙之福，吾贻者是，要思倾覆之易。

要知前世因，今生受者是，吾谓昨日以前，尔祖尔父，皆前世也。要知后世因，今生作者是，吾谓今日以后，尔子尔孙，皆后世也。

祖宗富贵，自诗书中来，子孙享富贵，则弃诗书矣；祖宗家业，自勤俭中来，子孙享家业，则忘勤俭矣。

近处不能感动，未有能及远者。小处不能调理，未有能治大者。亲者不能联属[1]，未有能格疏[2]者。

---

①联属：联合，笼络。 ②格疏：管理好关系疏远的人。格，纠正，匡正，感化。

yī jiā shēng lǐ bù néng quán bèi wèi yǒu néng ān yǎng bǎi xìng zhě yī
一家生理①不能全备，未有能安养百姓者；一
jiā zǐ dì bù shuài guī jǔ wèi yǒu néng jiào huì tā rén zhě
家子弟不率规矩，未有能教诲他人者。

zhì lè wú rú dú shū zhì yào mò rú jiào zǐ
至乐无如读书，至要莫如教子。

zǐ dì yǒu cái zhì qí ài wú chí qí huì gù bù yǐ jiāo bài
子弟有才，制其爱，毋弛②其诲，故不以骄败。
zǐ dì bù xiào yán qí huì wú bó qí ài gù bù yǐ yuàn lí
子弟不肖，严其诲，毋薄其爱，故不以怨离③。

yǔ zé guò rùn wàn wù zhī zāi yě ēn chóng guò lǐ chén qiè zhī zāi
雨泽过润，万物之灾也。恩崇过礼，臣妾之灾
yě qíng ài guò yì zǐ sūn zhī zāi yě
也。情爱过义，子孙之灾也。

ān xiáng gōng jìng shì jiāo xiǎo ér dì yī fǎ gōng zhèng yán míng shì
安详恭敬，是教小儿第一法；公正严明，是
zuò jiā zhǎng dì yī fǎ
做家长第一法。

rén yī xīn xiān wú zhǔ zǎi rú hé zhěng lǐ de yī shēn zhèng dàng
人一心先无主宰，如何整理得一身正当④？
rén yī shēn xiān wú guī jǔ rú hé tiáo jì de yī jiā sù mù
人一身先无规矩，如何调剂得一家肃穆⑤？

róng de xìng qíng shàng piān sī biàn shì dà xué wèn xiāo de jiā tíng zhōng
融得性情上偏私，便是大学问；消得家庭中
xián xì biàn shì dà jīng lún
嫌隙，便是大经纶⑥。

---

①生理：即生活的所需。 ②弛：解除，免除。 ③怨离：因抱怨而离去。 ④一身正当：自身言行公正、适当。 ⑤一家肃穆：全家人有礼有节，和睦得体。 ⑥经纶：整理丝缕。引申为处理大事。

yù péng yǒu jiāo yóu zhī shī yí kǎi qiè bù yí yóu yí chǔ jiā
遇朋友交游之失，宜剀切[①]，不宜游移[②]；处家
tíng gǔ ròu zhī biàn yí wěi qū bù yí jī liè
庭骨肉之变，宜委曲[③]，不宜激烈。

wèi yǒu hé qì cuì yān ér jiā bù jí chāng zhě wèi yǒu lì qì jié
未有和气萃[④]焉，而家不吉昌者；未有戾气结
yān ér jiā bù shuāi bài zhě
焉，而家不衰败者。

guī mén zhī nèi bù chū xì yán zé xíng yú zhī huà xíng yǐ fáng
闺门之内不出戏言，则刑于之化[⑤]行矣。房
wéi zhī zhōng bù wén xì xiào zé xiāng jìng zhī fēng zhù yǐ
帷之中不闻戏笑，则相敬之风著矣。

rén zhī yú dí shì yě yí fáng qí bì zǐ zhī guò rén zhī yú jì
人之于嫡室也，宜防其蔽子之过；人之于继
shì yě yí fáng qí wū zǐ zhī guò
室也，宜防其诬子之过。

pú suī néng bù kě shǐ yǔ nèi shì qī suī xián bù kě shǐ yǔ
仆虽能，不可使与内事[⑥]；妻虽贤，不可使与
wài shì
外事[⑦]。

nú pú dé zuì yú wǒ zhě shàng kě shù dé zuì yú rén zhě bù kě
奴仆得罪于我者尚可恕，得罪于人者不可
shù zǐ sūn dé zuì yú rén zhě shàng kě shù dé zuì yú tiān zhě bù kě shù
恕；子孙得罪于人者尚可恕，得罪于天者不可恕。

nú zhī bù xiáng mò dà yú chuán zhǔ rén zhī bàng yǔ zhǔ zhī bù xiáng
奴之不祥，莫大于传主人之谤语；主之不祥，

---

①剀切：切实，恳切。 ②游移：迟疑不决。 ③委曲：曲意求全。 ④萃：聚集。 ⑤刑于之化："刑"通"型"。就是以礼法对待，这里指夫妇和睦。 ⑥内事：指宗庙祭祀之事。 ⑦外事：指郊祭之事。

mò dà yú xíng pú bì zhī zèn yán

莫大于行仆婢之谮言①。

zhì jiā yán jiā nǎi hé jū xiāng shù xiāng nǎi mù

治家严，家乃和；居乡恕，乡乃睦。

zhì jiā jì kuān ér yóu jì yán jū jiā jì shē ér yóu jì sè

治家忌宽，而尤忌严；居家忌奢，而尤忌啬。

wú zhèng jing rén jiāo jiē qí rén bì shì jiān xié wú qióng qīn yǒu wǎng lái qí jiā bì rán shì lì

无正经人交接，其人必是奸邪；无穷亲友往来，其家必然势利。

rì guāng zhào tiān qún wù jiē zuò rén líng yú wù mèi ér bù jué shì wèi tiān qǐ rén bù qǐ bì wéi tiān shén suǒ qiǎn rú jūn shàng lín cháo chén xià gāo wò shī wù bù miǎn fá zé yè lòu sān gēng qún wù jiē xī rén líng yú wù yān jiǔ chén nì shì wèi dì mián rén bù mián bì wéi dì qí suǒ hē rú jiā zhǔ yù shuì pú bì xuān nào bù xiū dìng zāo biān chī

日光照天，群物皆作，人灵于物，寐②而不觉，是谓天起人不起，必为天神所谴，如君上临朝，臣下高卧失误，不免罚责。夜漏三更，群物皆息，人灵于物，烟酒沉溺，是谓地眠人不眠，必为地祈所诃③，如家主欲睡，仆婢喧闹不休，定遭鞭笞。

lóu xià bù yí gòng shén lǜ lóu shàng zhī huì xiè wū hòu bì xū kāi hù fáng wū qián zhī huǒ zāi

楼下不宜供神，虑楼上之秽亵；屋后必须开户，防屋前之火灾。

①谮言：说别人的坏话，诬陷，中伤。 ②寐：睡眠。 ③地祈：古代称土地社稷的神。诃：同“呵”，呵斥，责备。

cóng zhèng lèi

从政类

yǎn qián bǎi xìng jí ér sūn mò wèi bǎi xìng kě qī qiě liú xià ér sūn dì bù táng shàng yī guān chēng fù mǔ màn dào yī guān hǎo zuò hái jìn xiē fù mǔ ēn qíng

眼前百姓即儿孙，莫谓百姓可欺，且留下儿孙地步；堂上一官称父母，漫道一官好做，还尽些父母恩情。

shàn tǐ lí shù qíng cǐ wèi mín zhī fù mǔ guǎng xíng yīn zhì shì yǐ néng bǎo wǒ zǐ sūn

善体黎庶情，此谓民之父母；广行阴骘①事，以能保我子孙。

fēng zèng fù zǔ yì dé yě wú shǐ rén tuò mà fù zǔ nán dé yě ēn yìn zǐ sūn yì dé yě wú shǐ wǒ dú hài zǐ sūn nán dé yě

封赠父祖，易得也，无使人唾骂父祖，难得也。恩荫②子孙，易得也，无使我毒害子孙，难得也。

jié jǐ fāng néng bù shī jǐ ài mín suǒ zhòng zài qīn mín

洁己方能不失己，爱民所重在亲民。

cháo tíng lì fǎ bù kě bù yán yǒu sī xíng fǎ bù kě bù shù

朝廷立法不可不严，有司行法不可不恕。

---

①阴骘：默定。后引申为默默行善的德行，亦作"阴德""阴功"。 ②恩荫：因上辈有功而给予下辈入学任官的待遇。

yán yǐ yù yì ér kuān yǐ xù mín jí yú yáng shàn ér yǒng yú qù
严以驭役而宽以恤民，极于扬善而勇于去

jiān huǎn yú cuī kē ér qín yú fǔ zì
奸，缓于催科而勤于抚字[1]。

cuī kē bù rǎo cuī kē zhōng fǔ zì xíng fá bù chā xíng fá zhōng
催科不扰，催科中抚字；刑罚不差，刑罚中

jiào huà
教化。

xíng fá dāng kuān chù jí kuān cǎo mù yì shàng tiān shēng mìng cái yòng kě
刑罚当宽处即宽，草木亦上天生命；财用可

shěng shí biàn shěng sī háo jiē xià mín zhī gāo
省时便省，丝毫皆下民脂膏。

jū jiā wéi fù nǚ mén ài lián péng yǒu bì duō nù sè zuò guān wéi
居家为妇女们爱怜，朋友必多怒色；做官为

yá mén rén huān xǐ bǎi xìng dìng yǒu yuàn shēng
衙门人欢喜，百姓定有怨声。

guān bù bì zūn xiǎn qī yú wú fù jūn qīn dào bù bì bó shī
官不必尊显，期于无负君亲；道不必博施，

yào zài yǒu bì mín wù
要在有裨民物。

lù qǐ xū duō fáng mǎn zé tuì nián bù dài mù yǒu jí biàn cí
禄岂须多，防满则退；年不待暮，有疾便辞。

tiān fēi sī fù yī rén tuō yǐ zhòng pín zhě zhī mìng tiān fēi sī guì
天非私富一人，托以众贫者之命；天非私贵

yī rén tuō yǐ zhòng jiàn zhě zhī shēn
一人，托以众贱者之身。

①催科：催收租税。租税有科条法规，故称。抚字：指对百姓的安抚体恤。

zhù shì yī rì yào zuò yī rì hǎo rén wéi guān yī rì yào xíng yī rì hǎo shì

住世一日，要做一日好人；为官一日，要行一日好事。

pín jiàn rén zhì fēng mù yǔ wàn kǔ qiān xīn zì jiā xuè hàn zì jiā xiāo shòu tiān zhī jiàn chá yóu shù fù guì rén yī shuì shí zū dān jué shòu lù wàn mín xuè hàn yī rén xiāo shòu tiān zhī dū zé gèng yán

贫贱人栉风沐雨①，万苦千辛，自家血汗自家消受，天之鉴察犹恕；富贵人衣税食租，担爵受禄，万民血汗一人消受，天之督责更严。

píng rì chéng yǐ zhì mín ér mín xìn zhī zé fán yǒu shì yú mín wú bù yìng yǐ píng rì chéng yǐ shì tiān ér tiān xìn zhī zé fán yǒu dǎo yú tiān wú bù yìng yǐ

平日诚以治民，而民信之，则凡有事于民，无不应矣。平日诚以事天，而天信之，则凡有祷于天，无不应矣。

píng mín kěn zhòng dé shī huì biàn shì wú wèi de qīng xiāng shì fū tú tān quán xī chǒng jìng chéng yǒu jué de qǐ ér

平民肯种德施惠，便是无位底卿相；士夫徒贪权希宠，竟成有爵底乞儿。

wú gōng ér shí què shǔ shì yǐ sì hài ér shí hǔ láng shì yǐ

无功而食，雀鼠是已；肆害而食，虎狼是已。

wú jīn qīng ér ào zhuó wú shèn dà ér hū xiǎo wú qín shǐ ér dài zhōng

毋矜清而傲浊，毋慎大而忽小，毋勤始而怠终。

---

①栉风沐雨：风梳发，雨洗头。形容人经常在外面不顾风雨地辛苦奔波。栉，梳头发。沐，洗头发。

qín néng bǔ zhuō jiǎn yǐ yǎng lián
勤能补拙，俭以养廉。

jū guān lián rén yǐ wéi bǎi xìng shòu fú yǔ yǐ wéi cì fú yú
居官廉，人以为百姓受福，予以为锡①福于
zǐ sūn zhě bù qiǎn yě céng jiàn yǒu yuē jǐ yù mín zhě hòu dài bù chāng
子孙者不浅也，曾见有约己裕民者，后代不昌
dà yé jū guān zhuó rén yǐ wéi bǎi xìng shòu hài yǔ yǐ wéi yí hài
大耶？居官浊，人以为百姓受害，予以为贻害
yú zǐ sūn zhě bù qiǎn yě céng jiàn yǒu jí zhòng féi jiā zhě lì shì dé
于子孙者不浅也，曾见有瘠众肥家者，历世得
jiǔ cháng yé
久长耶？

yǐ lín gāo ān lè lǎn sǎn xīn zuò guān wèi yǒu bù huāng dài zhě yǐ
以林皋②安乐懒散心做官，未有不荒怠者；以
zài jiā zhì shēng yíng chǎn xīn zuò guān wèi yǒu bù tān bǐ zhě
在家治生营产心做官，未有不贪鄙者。

niàn niàn yòng zhī jūn mín zé wéi jí shì niàn niàn yòng zhī tào shù zé
念念用之君民，则为吉士。念念用之套数，则
wéi sú lì niàn niàn yòng zhī shēn jiā zé wéi zéi chén
为俗吏。念念用之身家，则为贼臣。

gǔ zhī cóng shì zhě yǎng rén jīn zhī cóng shì zhě yǎng jǐ
古之从仕者养人，今之从仕者养己。

jīn zhī jū guān yě zài xià mín shēn shàng zuò gōng fū gǔ zhī jū guān
今之居官也，在下民身上做工夫；古之居官
yě zài shàng guān yǎn dǐ zuò gōng fū
也，在上官眼底做工夫。

---

①锡：通“赐”，赐给。 ②林皋：即林野和水岸之地，泛指山野。

zài jiā zhě bù zhī yǒu guān fāng néng shǒu fèn zài guān zhě bù zhī yǒu
在家者不知有官，方能守分；在官者不知有
jiā fāng néng jìn fèn
家，方能尽分。

jūn zǐ dāng guān rèn zhí bù jì nán yì ér zhì zài jì rén gù dòng
君子当官任职，不计难易，而志在济人，故动
zhé chéng gōng xiǎo rén gǒu lù yíng sī zhǐ rèn biàn ān ér yì zài lì jǐ
辄成功；小人苟禄营私，只任便安，而意在利己，
gù dòng duō bài shì
故动多败事。

zhí yè shì dāng rán de měi rì zuò tā bù jìn mò yào rèn zuò jiǎ
职业是当然底，每日做他不尽，莫要认作假；
quán shì shì ǒu rán de yǒu rì huán tā zhǔ zhě mò yào rèn zuò zhēn
权势是偶然底，有日还他主者，莫要认作真。

yī qiè rén wéi è yóu kě yán yě wéi dú shū rén bù kě wéi è
一切人为恶，犹可言也，惟读书人不可为恶。
dú shū rén wéi è gèng wú jiào huà zhī rén yǐ yī qiè rén fàn fǎ yóu
读书人为恶，更无教化之人矣。一切人犯法，犹
kě yán yě wéi zuò guān rén bù kě fàn fǎ zuò guān rén fàn fǎ gèng wú jìn
可言也，惟做官人不可犯法。做官人犯法，更无禁
zhì zhī rén yě
治之人也。

shì dà fū jì rén lì wù yí jū qí shí bù yí jū qí míng jū
士大夫济人利物，宜居其实，不宜居其名，居
qí míng zé dé sǔn shì dà fū yōu guó wèi mín dāng yǒu qí xīn bù dāng
其名则德损；士大夫忧国为民，当有其心，不当
yǒu qí yǔ yǒu qí yǔ zé huǐ lái
有其语，有其语则毁来。

yǐ chǔ nǚ zhī zì ài zhě ài shēn yǐ yán fù zhī jiào zǐ zhě jiào shì
以处女之自爱者爱身，以严父之教子者教士。

zhí fǎ rú shān shǒu shēn rú yù ài mín rú zǐ qù dù rú chóu
执法如山，守身如玉，爱民如子，去蠹①如仇。

xiàn yī wú gū yǔ cāo dāo shā rén zhě hé bié shì yī dà duì yǔ zòng hǔ shāng rén zhě wú shū
陷一无辜，与操刀杀人者何别？释一大憝②，与纵虎伤人者无殊！

zhēn máng cì shǒu cí jí shāng zú jǔ tǐ tòng chǔ xíng cǎn bǎi bèi yú cǐ kě yǐ xǐ nù shī zhī hū hǔ bào zài qián kēng jǐng zài hòu bǎi bān hū háo yù àn hé yì yú cǐ kě shǐ wú gū zuò zhī hū
针芒刺手，茨棘③伤足，举体痛楚，刑惨百倍于此，可以喜怒施之乎？虎豹在前，坑阱在后，百般呼号，狱犴④何异于此，可使无辜坐之乎？

guān suī zhì zūn jué bù kě yǐ rén zhī shēngmìng zuǒ jǐ zhī xǐ nù guān suī zhì bēi jué bù kě yǐ jǐ zhī míng jié zuǒ rén zhī xǐ nù
官虽至尊，决不可以人之生命佐己之喜怒；官虽至卑，决不可以己之名节佐人之喜怒。

tīng duàn zhī guān chéng xīn bì bù kě yǒu rèn shì zhī guān chéng suàn bì bù kě wú
听断⑤之官，成心必不可有；任事之官，成算必不可无。

wú guān jǐn yào zhī piào gài bù biāo pàn zé lì xū wú quán bù xiāng jiāo shè zhī rén gài bù wǎng lái zé guān fáng zì mì
无关紧要之票⑥，概不标判，则吏胥无权；不相交涉之人，概不往来，则关防自密。

①蠹：蛀虫。比喻侵蚀或消耗国家财富的人或事。 ②大憝：大恶人。 ③茨棘：蒺藜与荆棘。泛指杂草。 ④狱犴：牢狱。 ⑤听断：听取陈述而作出决定。此指听讼断狱。 ⑥票：信券。

wú gū qiān lěi nán kān fēi jǐn yào zhǐ xū liǎng zào duì zhì bǎo quán duō shǎo shēn jiā yí àn zhuǎn yí shèn dà wú què jù biàn dāng mò jiǎn cóng kuān xiū yǎng jǐ rén xìng mìng

无辜牵累难堪，非紧要，只须两造对质，保全多少身家！疑案转移甚大，无确据，便当末减从宽，休养几人性命。

dāi zǐ zhī huàn shēn yú làng zǐ yǐ qí zhōng wú zhuǎn zhì hūn guān zhī hài shèn yú tān guān yǐ qí láng jí jí rén

呆子之患，深于浪子，以其终无转智；昏官之害，甚于贪官，以其狼藉及人。

guān kěn zhuó yì yī fēn mín shòu shí fēn zhī huì shàng néng chī kǔ yī diǎn mín zhān wàn diǎn zhī ēn

官肯著意一分，民受十分之惠；上能吃苦一点，民沾万点之恩。

lǐ fán zé nán xíng zú chéng fèi gé zhī shū fǎ fán zé yì fàn yì shèn jué liè zhī zuì

礼繁则难行，卒成废阁之书；法繁则易犯，益甚决裂之罪。

shàn qǐ dí rén xīn zhě dāng yīn qí suǒ míng ér jiàn tōng zhī wú qiáng kāi qí suǒ bì shàn yí yì fēng sú zhě dāng kùn qí suǒ yì ér jiàn fǎn zhī wú qiáng jiǎo qí suǒ nán

善启迪人心者，当因其所明而渐通之，毋强开其所闭；善移易风俗者，当困其所易而渐反之，毋强矫其所难。

fēi shèn bù biàn yú mín qiě mò wàng gēng fēi dà yǒu yì yú mín zé mò qīng jǔ

非甚不便于民，且莫妄更；非大有益于民，则莫轻举。

qíng yǒu kě tōng jiù yǒu zhě bù bì guò cái yì miǎn shēng guǎ ēn
情有可通，旧有者不必过裁抑，免生寡恩
zhī yuàn shì zài dé yǐ jiù wú zhě bù bì wàng zēng shè miǎn kāi duō shì
之怨；事在得已，旧无者不必妄增设，免开多事
zhī mén
之门。

wéi qián rén zhě wú gān yù jiǎo qíng lì yī qiè bù kě cháng zhī
为前人者，无干誉矫情[1]，立一切不可常之
fǎ yǐ nán hòu rén wéi hòu rén zhě wú jīn néng lù jì wéi yī zhāo
法，以难后人；为后人者，无矜能[2]露迹，为一朝
jí gǎi gé zhī zhèng yǐ kǔ qián rén
即改革之政，以苦前人。

shì zài dāng yīn bù wèi hòu rén kāi wú gù zhī duān shì zài dāng gé
事在当因，不为后人开无故之端；事在当革，
wú shǐ hòu rén zhǎng bù jiù zhī huò
无使后人长不救之祸。

lì zài yī shēn wù móu yě lì zài tiān xià zhě móu zhī lì zài yī
利在一身勿谋也，利在天下者谋之；利在一
shí wù móu yě lì zài wàn shì zhě móu zhī
时勿谋也，利在万世者谋之。

mò wéi yīng ér zhī tài ér yǒu dà rén zhī qì mò wéi yī shēn zhī
莫为婴儿之态，而有大人之器。莫为一身之
móu ér yǒu tiān xià zhī zhì mò wéi zhōng shēn zhī jì ér yǒu hòu shì
谋，而有天下之志。莫为终身之计，而有后世
zhī lǜ
之虑。

---

①干誉矫情：故违常情，以求美誉。 ②矜能：夸耀自己的才能。

yòng sān dài yǐ qián jiàn shí ér bù shī zhī yū jiù sān dài yǐ hòu
用三代[1]以前见识，而不失之迂；就三代以后
jiā shù ér bù lín yú sú
家数[2]，而不邻于俗。

dà zhì xīng bāng bù guò jí zhòng sī dà yú wù guó zhǐ wèi hào
大智兴邦，不过集众思；大愚误国，只为好
zì yòng
自用。

wú jué yì gāo wú zhì yì xià wú guān yì dà wú xīn yì xiǎo
吾爵益高，吾志益下。吾官益大，吾心益小。
wú lù yì hòu wú shī yì bó
吾禄益厚，吾施益博。

ān mín zhě hé wú qiú yú mín zé mín ān yǐ chá lì zhě
安民者何？无求于民，则民安矣。察吏者
hé wú qiú yú lì zé lì chá yǐ
何？无求于吏，则吏察矣。

bù kě jiǎ gōng fǎ yǐ bào sī chóu bù kě jiǎ gōng fǎ yǐ bào sī dé
不可假公法以报私仇，不可假公法以报私德。

tiān dé zhǐ shì gè wú wǒ wáng dào zhǐ shì gè ài rén
天德只是个无我，王道[3]只是个爱人。

wéi yǒu zhǔ zé tiān dì wàn wù zì wǒ ér lì bì wú sī sī
惟有主，则天地万物自我而立；必无私，斯
shàng xià sì páng xián dé qí píng
上下四旁咸得其平。

---

①三代：有三种解释：一指夏、商、周三个朝代；二指祖、父、子；三指曾祖、祖父、父。 ②家数：指先人留下的可师法传授的经验。 ③王道：儒家提出的一种以仁义治天下的政治主张，与霸道相对。

zhì dào zhī yào zài zhī rén jūn dé zhī yào zài tǐ rén yù chén
治道之要，在知人。君德之要，在体仁①。御臣
zhī yào zài tuī chéng yòng rén zhī yào zài zé yán lǐ cái zhī yào zài
之要，在推诚②。用人之要，在择言。理财之要，在
jīng zhì zú yòng zhī yào zài bó liǎn chú kòu zhī yào zài ān mín
经制③。足用之要，在薄敛④。除寇之要，在安民。

wèi yòng bīng shí quán yào xū xīn yòng rén jì yòng bīng shí quán yào
未用兵时，全要虚心用人；既用兵时，全要
shí xīn huó rén
实心活人。

tiān xià bù kě yī rì wú jūn gù yí qí fēi tāng wǔ míng chén dào
天下不可一日无君，故夷齐⑤非汤武，明臣道
yě bù rán zé luàn chén jiē zhǒng ér nán wéi jūn tiān xià bù kě yī rì
也。不然，则乱臣接踵⑥而难为君。天下不可一日
wú mín gù kǒng mèng shì tāng wǔ míng jūn dào yě bù rán zé bào jūn jiē
无民，故孔孟是汤武，明君道也。不然，则暴君接
zhǒng ér nán wéi mín
踵而难为民。

miào táng zhī shàng yǐ yǎng zhèng qì wéi xiān hǎi yǔ zhī nèi yǐ yǎng
庙堂之上，以养正气⑦为先；海宇之内，以养
yuán qì wéi běn
元气⑧为本。

rén shēn zhī suǒ zhòng zhě yuán qì guó jiā zhī suǒ zhòng zhě rén cái
人身之所重者元气，国家之所重者人才。

---

①体仁：躬行仁道。 ②推诚：以诚心相待。 ③经制：经理节制。 ④薄敛：减轻赋税。 ⑤夷齐：指伯夷、叔齐，商朝末年的贤人，认为周武王既然是商的臣子，灭商便是不对的。最终二人不食周粟而死。 ⑥接踵：连续不断或紧接着。 ⑦正气：指光明正大的作风或纯正良好的风气。 ⑧元气：泛指宇宙自然之气，这里特指人的精神、精气。

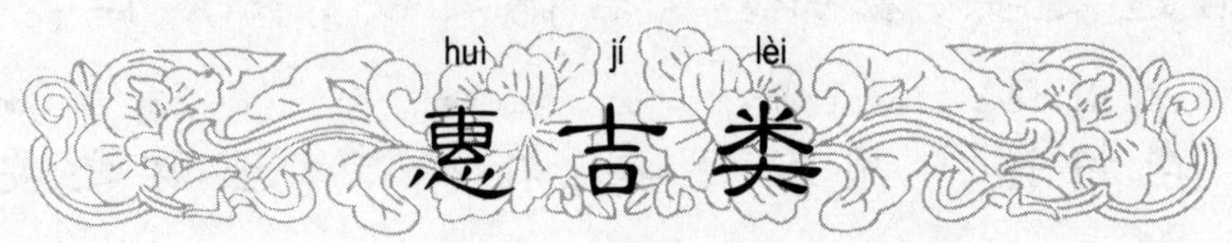

huì jí lèi

惠吉类

shèng rén liǎn fú jūn zǐ kǎo xiáng

圣人敛①福，君子考祥②。

zuò dé rì xiū wéi shàn zuì lè

作德日休，为善最乐。

kāi juàn yǒu yì zuò shàn jiàng xiáng

开卷有益，作善降祥。

chóng dé xiào shān cáng qì xué hǎi

崇德效山，藏器③学海。

qún jū shǒu kǒu dú zuò fáng xīn

群居守口，独坐防心。

zhī zú cháng lè néng rěn zì ān

知足常乐，能忍自安。

qióng dá yǒu mìng jí xiōng yóu rén

穷达有命，吉凶由人。

yǐ jìng zì zhào jiàn xíng róng yǐ xīn zì zhào jiàn jí xiōng

以镜自照见形容④，以心自照见吉凶。

shàn wéi zhì bǎo yī shēng yòng zhī bù jìn xīn zuò liáng tián bǎi shì gēng zhī yǒu yú

善为至宝，一生用之不尽。心作良田，百世耕之有余。

①敛：收束，约束。 ②考祥：长寿、吉祥。 ③藏器：隐才不露。 ④形容：容貌体态。

shì shì ràng sān fēn tiān kōng dì kuò xīn tián péi yī diǎn zǐ zhòng sūn shōu

世事让三分，天空地阔。心田培一点，子种孙收。

yào hǎo ér sūn xū fāng cùn zhōng fàng kuān yī bù yù chéng jiā yè yí fán shì shàng chī kuī sān fēn

要好儿孙，须方寸中放宽一步。欲成家业，宜凡事上吃亏三分。

liú fú yǔ ér sūn wèi bì jìn huáng jīn bái qiāng zhòng xīn wéi chǎn yè yóu lái jiē měi zhái liáng tián

留福与儿孙，未必尽黄金白镪[①]。种心为产业，由来皆美宅良田。

cún yī diǎn tiān lǐ xīn bù bì zé xiào yú hòu zǐ sūn lài zhī shuō jǐ jù yīn zhì huà zòng wèi jìn shī yú rén guǐ shén jiàn zhī

存一点天理心，不必责效于后，子孙赖[②]之；说几句阴骘话，纵未尽施于人，鬼神鉴之。

fēi dú shū bù néng rù shèng xián zhī yù fēi jī dé bù néng shēng cōng huì zhī ér

非读书，不能入圣贤之域；非积德，不能生聪慧之儿。

duō jī yīn dé zhū fú zì zhì shì qǔ jué yú tiān jìn lì nóng shì jiā bèi shōu chéng shì qǔ jué yú dì shàn jiào zǐ sūn hòu sì chāng dà shì qǔ jué yú rén

多积阴德，诸福自至，是取决于天。尽力农事，加倍收成，是取决于地。善教子孙，后嗣昌大，是取决于人。

---

①镪：古代称成串的钱。 ②赖：效仿。

事事培[①]元气，其人必寿；念念存本心，其后必昌。

勿谓一念可欺也，须知有天地鬼神之鉴察。勿谓一言可轻也，须知有前后左右之窃听。勿谓一事可忽也，须知有身家性命之关系。勿谓一时可逞[②]也，须知有子孙祸福之报应。

人心一念之邪，而鬼在其中焉，因而欺侮之，播弄[③]之，昼见于形像，夜见于梦魂，必酿其祸而后已。故邪心即是鬼，鬼与鬼相应，又何怪乎！人心一念之正，而神在其中焉，因而鉴察之，呵护之，上至于父母，下至于儿孙，必致其福而后已。故正心即是神，神与神相亲，又何疑乎！

终日说善言，不如做了一件；终身行善事，

---

①培：增加。 ②逞：肆行。 ③播弄：摆布，挑拨。

xū fáng cuò le yī jiàn

须防错了一件。

wù lì jiān nán yào zhī chī fàn chuān yī tán hé róng yì guāng yīn

物力艰难，要知吃饭穿衣，谈何容易！光阴

xùn sù jí shǐ dú shū xíng shàn néng yǒu jǐ duō

迅速，即使读书行善，能有几多？

zhī zì bì xī guì zhī gēn yě lì mǐ bì zhēn fù zhī yuán yě

只字必惜[①]，贵之根也。粒米必珍，富之源也。

piàn yán bì jǐn fú zhī jī yě wēi mìng bì hù shòu zhī běn yě

片言必谨，福之基也。微命必护，寿之本也。

zuò jiàn wǔ gǔ fēi yǒu qí huò bì yǒu qí qióng ài xī zhī zì

作践五谷，非有奇祸，必有奇穷；爱惜只字，

bù dàn xiǎn róng yì dāng yán shòu

不但显荣，亦当延寿。

rú sù fēi shèng rén jiào yě hào shēng zé shàng tiān yì yě

茹素[②]非圣人教也，好生则上天意也。

rén hòu kè bó shì xiū duǎn guān qiān yì yíng mǎn shì huò fú

仁厚刻薄，是修短[③]关。谦抑盈满[④]，是祸福

guān qín jiǎn shē duò shì pín fù guān bǎo yǎng zòng yù shì rén guǐ guān

关。勤俭奢惰[⑤]，是贫富关。保养纵欲，是人鬼关。

zào wù suǒ jì yuē kè yuē qiǎo wàn lèi xiāng gǎn yǐ chéng yǐ zhōng

造物所忌，曰刻曰巧。万类相感，以诚以忠。

zuò rén wú chéng xīn biàn dài fú qì zuò shì yǒu jié guǒ yì shì

做人无成心，便带福气；做事有结果，亦是

---

①只字必惜：古代有些读书人把写过字的纸片收拢起来一齐焚化，认为这是对学问的呵护。　②茹素：吃素食。③修短：长和短。　④谦抑：谦逊。盈满：过满。　⑤奢惰：奢侈而懒惰。

shòu zhēng
寿征①。

zhí niù zhě fú qīng ér yuán tōng zhī rén qí fú bì hòu jí zào zhě
执拗者福轻，而圆通之人其福必厚；急躁者

shòu yāo ér kuān hóng zhī shì qí shòu bì cháng
寿夭，而宽宏之士其寿必长。

qiān guà liù yáo bì jí shù zì zhōng shēn kě xíng
谦卦②六爻毕吉，恕字终身可行。

zuò běn sè rén shuō gēn xīn huà gān jìn qíng shì
作本色人，说根心③话，干近情事。

yī diǎn cí ài bù dàn shì jī dé zhǒng zǐ yì shì jī fú gēn miáo
一点慈爱，不但是积德种子，亦是积福根苗。

shì kàn nǎ yǒu bù cí ài de shèng xián yī niàn róng rěn bù dàn shì wú liàng
试看哪有不慈爱底圣贤？一念容忍，不但是无量

dé qì yì shì wú liàng fú tián shì kàn nǎ yǒu bù róng rěn de jūn zǐ
德器，亦是无量福田。试看哪有不容忍底君子？

hào wù zhī niàn méng yú yè qì xī zhī yú jìng yě cè yǐn zhī
好恶之念，萌于夜气，息之于静也；恻隐之

xīn fā yú zhà jiàn gǎn zhī yú dòng yě
心，发于乍见，感之于动也。

sù xiàng qī shén hé guī fèng qīn zào yuàn jū sēng hé wǎng jiù pín
塑像栖神，盍④归奉亲；造院居僧，盍往救贫。

fèi qiān jīn ér jié nà shì háo shú ruò qīng bàn piáo zhī sù yǐ jì
费千金而结纳势豪，孰若倾半瓢之粟，以济

①寿征：长寿的征兆。 ②谦卦：《周易》六十四卦之一主旨是告诫人们要时刻保持谦虚谨慎的态度，只有这样才能平安吉祥。 ③根心：内心。 ④盍："何不"的合音。

jī è gòu qiān yíng ér zhāo lái bīn kè hé rú qì shù chuán zhī máo yǐ
饥饿！构千楹而招来宾客，何如葺数椽之茅，以
bì gū hán
庇孤寒！

mǐn jì rén qióng suī fēn wén shēng hé yì shì fú tián lè yǔ rén
悯济人穷，虽分文升合，亦是福田；乐与人
shàn jí zhī zì piàn yán jiē wéi liáng yào
善，即只字片言，皆为良药。

móu zhàn tián yuán jué shēng bài zǐ zūn chóng shī fù dìng chǎn xián láng
谋占田园，决生败子；尊崇师傅，定产贤郎。

píng jū guǎ yù yǎng shēn lín dà jié zé dá shēng wěi mìng zhì jiā liàng
平居寡欲养身，临大节则达生委命；治家量
rù wéi chū gàn hǎo shì zé zhàng yì qīng cái
入为出，干好事则仗义轻财。

shàn yòng lì zhě jiù lì shàn yòng shì zhě jiù shì shàn yòng zhì zhě jiù
善用力者就力，善用势者就势。善用智者就
zhì shàn yòng cái zhě jiù cái
智，善用财者就财。

shēn shì duō xiǎn tú jí xū xún qiú ān zhái guāng yīn tóng guò kè
身世多险途，急须寻求安宅；光阴同过客，
qiè mò gǔ mò zhǔ wēng
切莫汩没主翁。

mò wàng zǔ fù jī yīn gōng xū zhī wén zì wú quán quán píng yīn zhì
莫忘祖父积阴功，须知文字无权，全凭阴骘；
zuì pà shēng píng huài xīn shù bì jìng zhǔ sī yǒu yǎn rú jiàn xīn tián
最怕生平坏心术，毕竟主司有眼，如见心田。

tiān xià dì yī zhǒng kě jìng rén zhōng chén xiào zǐ tiān xià dì yī zhǒng
天下第一种可敬人，忠臣孝子。天下第一种

kě lián rén guǎ fù gū ér
可怜人，寡妇孤儿。

xiào zǐ bǎi shì zhī zōng rén rén tiān xià zhī mìng
孝子百世之宗，仁人天下之命。

xíng zhī zhèng bù qiú yǐng zhī zhí ér yǐng zì zhí shēng zhī píng bù
形之正，不求影之直而影自直。声之平，不
qiú xiǎng zhī hé ér xiǎng zì hé dé zhī chóng bù qiú míng zhī yuǎn ér míng
求响之和而响自和。德之崇，不求名之远而名
zì yuǎn
自远。

yǒu yīn dé zhě bì yǒu yáng bào yǒu yǐn xíng zhě bì yǒu zhāo míng
有阴德者，必有阳报；有隐行者，必有昭名。

shī bì yǒu bào zhě tiān dì zhī dìng lǐ rén rén shù zhī yǐ quàn rén
施必有报者，天地之定理，仁人述之以劝人；
shī bù wàng bào zhě shèng xián zhī shèng xīn jūn zǐ cún zhī yǐ jì shì
施不望报者，圣贤之盛心，君子存之以济世。

miàn qián de lǐ lù yào fàng de kuān shǐ rén wú bù píng zhī tàn shēn
面前的理路要放得宽，使人无不平之叹；身
hòu de huì zé yào liú de yuǎn lìng rén yǒu bù kuì zhī sī
后的惠泽要流得远，令人有不匮之思。

bù kě bù cún shí shí kě sǐ zhī xīn bù kě bù xíng bù bù qiú shēng
不可不存时时可死之心，不可不行步步求生
zhī shì
之事。

zuò è shì xū fáng guǐ shén zhī gàn hǎo shì mò pà páng rén xiào
作恶事，须防鬼神知；干好事，莫怕旁人笑。

wú běn bó fú rén yí xíng xī fú shì wú běn bó dé rén yí
吾本薄福人，宜行惜福事；吾本薄德人，宜

xíng jī dé shì
行积德事。

bó fú zhě bì kè bó kè bó zé fú yù bó yǐ hòu fú zhě bì
薄福者必刻薄，刻薄则福愈薄矣；厚福者必
kuān hòu kuān hòu zé fú yì hòu yǐ
宽厚，宽厚则福益厚矣。

yǒu gōng fū dú shū wèi zhī fú yǒu lì liàng jì rén wèi zhī fú
有工夫读书，谓之福。有力量济人，谓之福。
yǒu zhù shù xíng shì wèi zhī fú yǒu cōng míng hún hòu zhī jiàn wèi zhī fú
有著述行世，谓之福。有聪明浑厚之见，谓之福。
wú shì fēi dào ěr wèi zhī fú wú jí bìng chán shēn wèi zhī fú wú chén
无是非到耳，谓之福。无疾病缠身，谓之福。无尘
sú yīng xīn wèi zhī fú
俗撄心[①]，谓之福。

wú bīng xiōng huāng qiàn zhī suì wèi zhī fú
无兵凶荒歉之岁，谓之福。

cóng rè nào chǎng zhōng chū jǐ jù qīng lěng yán yǔ biàn sǎo chú wú xiàn
从热闹场中，出几句清冷言语，便扫除无限
shā jī xiàng hán wēi lù shàng yòng yī diǎn chì rè xīn cháng zì péi zhí xǔ
杀机；向寒微路上，用一点赤热心肠，自培植许
duō shēng yì
多生意。

rù yáo shù qióng lín zhōng jiē bǎo yǒu qiān dé rén xīn zhě wéi xiáng
入瑶树琼林中皆宝，有谦德仁心者为祥。

tán jīng jì wài nìng tán yì shù kě yǐ jǐ yòng tán rì yòng wài
谈经济外，宁谈艺术，可以给用[②]。谈日用外，

①撄心：扰乱心神。 ②给用：供给备用。

nìng tán shān shuǐ kě yǐ xī jī tán xīn xìng wài nìng tán yīn guǒ kě
宁谈山水，可以息机[①]。谈心性外，宁谈因果，可
yǐ quàn shàn
以劝善。

yì huā kě yǐ yāo dié lěi shí kě yǐ yāo yún zāi sōng kě yǐ
艺花可以邀蝶，垒石可以邀云，栽松可以
yāo fēng zhí liǔ kě yǐ yāo chán zhù shuǐ kě yǐ yāo píng zhù tái kě yǐ
邀风，植柳可以邀蝉，贮水可以邀萍，筑台可以
yāo yuè zhòng jiāo kě yǐ yāo yǔ cáng shū kě yǐ yāo yǒu jī dé kě yǐ
邀月，种蕉可以邀雨，藏书可以邀友，积德可以
yāo tiān
邀天。

zuò dé rì xiū shì wèi fú dì jū yì sì mìng shì wèi dòng
作德日休[②]，是谓福地。居易[③]俟命，是谓洞
tiān
天[④]。

xīn dì shàng wú bō tāo suí zài jiē fēng tián làng jìng xìng tiān zhōng yǒu
心地上无波涛，随在皆风恬浪静；性天中有
huà yù chù chù jiàn yú yuè yuān fēi
化育，触处见鱼跃鸢飞。

pín jiàn yōu qī shì wǒ fèn nèi shì dāng dòng xīn rěn xìng jìng yǐ sì
贫贱忧戚，是我分内事，当动心忍性，静以俟
zhī gèng xíng yī qiè shàn yǐ wò zhuǎn zhī fù guì fú zé shì wǒ fèn
之，更行一切善，以斡转[⑤]之；富贵福泽，是我分

---

①息机：消除机心。 ②日休：越来越好。 ③居易：犹平安，平易。 ④洞天：通常与前句句末的“福地”联用，“洞天福地”指仙家的居所。 ⑤斡转：运转。

wài shì dāng bǎo tài chí yíng shèn yǐ shǒu zhī gèng zào yī qiè fú yǐ níng chéng zhī

外事，当保泰持盈，慎以守之，更造一切福，以凝承①之。

shì wǎng nǎ néng tiào chū dàn dāng rěn xìng nài xīn zì ān yì mìng jí wǎng luó zhōng zhī ān lè wō yě chén wù qǐ néng jìn juān wéi bù qǐ lú zuò zào zì qǔ jiū chán jí huǒ kēng zhōng zhī qīng liáng sǎn yě

世网②哪能跳出，但当忍性耐心，自安义命③，即网罗中之安乐窝也；尘务岂能尽捐，惟不起炉作灶，自取纠缠，即火坑中之清凉散④也。

rè bù kě chú ér rè nǎo kě chú qiū zài qīng liáng tái shàng qióng bù kě qiǎn ér qióng chóu kě qiǎn chūn shēng ān lè wō zhōng

热不可除，而热恼可除，秋在清凉台上；穷不可遣，而穷愁可遣，春生安乐窝中。

fù guì pín jiàn zǒng nán chèn yì zhī zú jí wéi chèn yì shān shuǐ huā zhú wú héng zhǔ rén dé xián biàn shì zhǔ rén

富贵贫贱，总难称意，知足即为称意；山水花竹，无恒主人，得闲便是主人。

yào zú hé shí zú zhī zú biàn zú qiú xián bù dé xián tōu xián jí xián

要足何时足，知足便足；求闲不得闲，偷闲即闲。

zhī zú cháng zú zhōng shēn bù rǔ zhī zhǐ cháng zhǐ zhōng shēn bù chǐ

知足常足，终身不辱；知止常止，终身不耻。

---

①凝承：巩固、继承。 ②世网：指社会上的道德、法律对人的束缚。 ③义命：适宜的命运。 ④清凉散：一种能清热的药。

jí xíng huǎn xíng qián chéng zǒng yǒu xǔ duō lù nì qǔ shùn qǔ mìng
急行缓行，前程总有许多路；逆取顺取，命
zhōng zhǐ yǒu zhè bān cái
中只有这般财。

lǐ yù jiāo zhēng fèi fǔ chéng wéi wú yuè wù wǒ yī tǐ shēn shāng
理欲交争，肺腑成为吴越[1]；物我一体，参商[2]
zhōng shì dì xiōng
终是弟兄。

yǐ jī huò cái zhī xīn jī xué wèn yǐ qiú gōng míng zhī xīn qiú dào
以积货财之心积学问，以求功名之心求道
dé yǐ ài qī zǐ zhī xīn ài fù mǔ yǐ bǎo jué wèi zhī xīn bǎo guó jiā
德，以爱妻子之心爱父母，以保爵位之心保国家。

yí zuò wú yì zhī fèi yǐ zuò yǒu yì zé shì jǔ yí lè yàn yuè
移作无益之费以作有益，则事举。移乐宴乐
zhī shí yǐ lè jiǎng xí zé zhì zhǎng yí xìn yì duān zhī yì yǐ xìn shèng xián
之时以乐讲习，则智长。移信异端之意以信圣贤，
zé dào míng yí hào cái sè zhī xīn yǐ hào rén yì zé dé lì yí jì lì
则道明。移好财色之心以好仁义，则德立。移计利
hài zhī sī yǐ jì shì fēi zé yì jīng yí yǎng xiǎo rén zhī lù yǐ yǎng jūn
害之私以计是非，则义精。移养小人之禄以养君
zǐ zé guó zhì yí yù sī dí zhī yǒng yǐ yù gōng wǔ zé bīng zhì yí
子，则国治。移御私敌之勇以御公侮，则兵治。移
bǎo shēn jiā zhī niàn yǐ bǎo bǎi xìng zé mín ān
保身家之念以保百姓，则民安。

①吴越：指相互仇恨的吴人和越人。比喻仇敌。 ②参商：参、商二星此出则彼没，两不相见，比喻人分离不得相见，也比喻不能和谐相处。

zuò dà guān de shì yī yàng jiā shù zuò hǎo rén de shì yī yàng jiā shù
做大官底，是一样家数①。做好人底，是一样家数。

qián jū jìn kě yǐ wéi shàn hé bì xiǎn huàn gōng xíng xiào tì zhì zài shèng xián zuǎn jí xiān zhé gé yán kān kè guǎng bù xíng jiàn huà xíng yī shí zé liú hòu shì shì yè zhī bù xiǔ miè yǐ jiā yān pín jiàn jìn kě yǐ jī fú hé bì fù guì cún píng děng xīn xíng fāng biàn shì xiào fǎ qián rén yì xíng xùn sú xíng fāng zì rán yì jiào zōng zú dé bèi xiāng lín lì jì zhī wú qióng shú dà yú shì
潜居②尽可以为善，何必显宦！躬行孝弟，志在圣贤。纂辑先哲格言，刊刻广布，行见化行一时，泽流后世，事业之不朽，蔑以加焉。贫贱尽可以积福，何必富贵！存平等心，行方便事，效法前人懿行③，训俗型方④，自然谊教⑤宗族，德被乡邻，利济之无穷，孰大于是。

yī shí quàn rén yǐ kǒu bǎi shì quàn rén yǐ shū
一时劝人以口，百世劝人以书。

jìng yǐ xiū shēn jiǎn yǐ yǎng dé rù zé dǔ xíng chū zé yǒu xián
静以修身，俭以养德⑥；入则笃行，出则友贤。

dú shū zhě bù jiàn shǒu tián zhě bù jī jī dé zhě bù qīng zé jiāo zhě bù bài
读书者不贱，守田者不饥，积德者不倾，择交者不败。

①家数：家法传统，流派风格。 ②潜居：隐居。 ③懿行：德行。 ④型方：模范，榜样。 ⑤谊教：好的教导。 ⑥静以修身，俭以养德：出自诸葛亮《诫子书》。恬静以修养自身，俭朴以淳养品德。

míng jìng zhǐ shuǐ yǐ chéng xīn tài shān qiáo yuè yǐ lì shēn qīng tiān bái rì yǐ yìng shì jì yuè guāng fēng yǐ dài rén

明镜止水以澄心，泰山乔岳以立身，青天白日以应事，霁月光风以待人。

shěng fèi yī pín tán qín yī zào dú wò yī yín suí yuán yī chóu dú shū yī sú

省费医贫，弹琴医躁，独卧医淫，随缘医愁，读书医俗。

yǐ xiān huā shì měi sè zé niè zhàng zì xiāo yǐ liú shuǐ tīng xián gē zé xìng líng hé hài

以鲜花视美色，则孽障自消；以流水听弦歌，则性灵何害？

yǎng dé yí cāo qín liàn zhì yí tán qí qiǎn qíng yí fù shī fǔ qì yí zhuó jiǔ jiě shì yí dú shǐ dé yì yí lín shū jìng zuò yí fén xiāng xǐng shuì yí jiáo míng tǐ wù yí zhǎn huà shì jìng yí àn gē yuè hòu yí guàn huā bǎo xíng yí kè yào yǐn xīn yí tiáo hè gū kuàng yí wén qióng shè qù yí guān yú wàng jī yí sì què yōu xún yí jí cǎo dàn wèi yí jū quán dú lì yí wàng shān xián yín yí yǐ lóu qīng tán yí jiǎn zhú kuáng

养德宜操琴，炼智宜弹棋，遣情宜赋诗，辅气宜酌酒，解事宜读史，得意宜临书，静坐宜焚香，醒睡宜嚼茗，体物宜展画，适境宜按歌，阅候①宜灌花，保形宜课药②，隐心宜调鹤，孤况宜闻蛩，涉趣宜观鱼，忘机宜饲雀，幽寻宜藉草，淡味宜掬泉，独立宜望山，闲吟宜倚楼，清谈宜翦烛，狂

---

①阅候：观察时令变化。 ②课药：学习医药常识。

xiào yí dēng tái yì xīng yí tóu hú jié xiǎng yí qī zhěn xī yuán yí
啸宜登台，逸兴宜投壶①，结想②宜攲枕，息缘③宜

bì hù tàn jǐng yí xié náng shuǎng zhì yí lín fēng chóu huái yí zhù yuè juàn
闭户，探景宜携囊，爽致宜临风，愁怀宜伫月，倦

yóu yí tīng yǔ xuán wù yí duì xuě bì hán yí yìng rì kōng lèi yí kàn
游宜听雨，玄悟④宜对雪，辟寒⑤宜映日，空累宜看

yún tán dào yí fǎng yǒu fú hòu yí jī dé
云，谈道宜访友，福后宜积德。

①投壶：古代宴会饮酒时的一种游戏。参加宴会依次以矢投入特制的壶中，中多者为胜，负者饮酒。 ②结想：专心思考。 ③息缘：摆脱世务，停止活动。 ④玄悟：大彻大悟。 ⑤辟寒：即避寒。

bèi xiōng lèi

悖凶类

fù guì jiā bù kěn cóng kuān bì zāo hèng huò cōng míng rén bù kěn xué hòu bì yāo tiān nián

富贵家不肯从宽，必遭横祸；聪明人不肯学厚，必夭天年。

yǐ shì qī rén shì jìn ér wéi rén qī shì cái wǔ rén cái sàn ér shòu rén wǔ

倚势欺人，势尽而为人欺；恃财侮人，财散而受人侮。

àn lǐ suàn rén zhě suàn de shì zì jiā ér sūn kōng zhōng zào bàng zhě zào de shì běn shēn zuì niè

暗里算人者，算的是自家儿孙；空中造谤者，造的是本身罪孽。

bǎo féi gān yì qīng nuǎn bù zhī jié zhě sǔn fú guǎng jī jù jiāo fú guì bù zhī zhǐ zhě shā shēn

饱肥甘①，衣轻暖，不知节者损福；广积聚，骄福贵②，不知止者杀身。

wén yì zì duō fú bó zhī xīn yě fù guì zì xióng bēi lòu zhī jiàn yě

文艺自多，浮薄之心也；富贵自雄，卑陋之见也。

①肥甘：好吃的东西。　②骄福贵：以富贵为骄傲。

wèi zūn shēn wēi cái duō mìng dài
位尊身危，财多命殆。

jī zhě huò fú suǒ yóu fú rén shēng yú jī jí sǐ yú jī
机者，祸福所由伏，人生于机①，即死于机
yě qiǎo zhě guǐ shén suǒ zuì jì rén yǒu dà qiǎo bì yǒu dà zhuō yě
也；巧者，鬼神所最忌，人有大巧②，必有大拙也。

chū bó yán zuò bó shì cún bó xīn zhǒng zhǒng jiē bó wèi miǎn zāi
出薄言，做薄事，存薄心，种种皆薄，未免灾
jí qí shēn shè yīn móu jī yīn sī shāng yīn zhì shì shì jiē yīn zì
及其身；设阴谋，积阴私，伤阴骘，事事皆阴，自
rán yāng liú hòu dài
然殃流后代。

jī dé yú rén suǒ bù zhī shì wèi yīn dé yīn dé zhī bào jiào yáng
积德于人所不知，是谓阴德。阴德之报，较阳
dé bèi duō zào è yú rén suǒ bù zhī shì wèi yīn è yīn è zhī bào
德倍多；造恶于人所不知，是谓阴恶。阴恶之报，
jiào yáng è jiā cǎn
较阳恶加③惨。

jiā yùn yǒu shèng shuāi jiǔ zàn suī shū xiāo zhǎng xún huán rú zhòu yè
家运有盛衰，久暂虽殊，消长循环如昼夜；
rén móu fēn qiǎo zhuō zhì yú gè bié guǐ shén zhāng dān zuì yán míng
人谋分巧拙，智愚各别，鬼神彰瘅④最严明。

tiān táng wú lù zé yǐ yǒu zé jūn zǐ dēng dì yù wú mén zé yǐ
天堂无路则已，有则君子登；地狱无门则已，
yǒu zé xiǎo rén rù
有则小人入。

---

①机：事物变化。 ②巧：虚伪不实。 ③加：更。 ④瘅：憎恨。

wéi è wèi rén zhī è zhōng jì yǒu zhuǎn niàn wéi shàn yù rén zhī
为恶畏人知，恶中冀①有转念；为善欲人知，
shàn chù jí shì è gēn
善处即是恶根。

wèi guǐ shén zhī wú zhī bù yīng qí fú wèi guǐ shén zhī yǒu zhī
谓鬼神之无知，不应祈福；谓鬼神之有知，
bù dāng wéi fēi
不当为非。

shì kě wéi è ér bù wéi jí shì shàn lì kě xíng shàn ér bù xíng
势可为恶而不为，即是善；力可行善而不行，
jí shì è
即是恶。

yú fú zuò zuì qí zuì fēi qīng yú kǔ zuò fú qí fú zuì dà
于福作罪，其罪非轻；于苦作福，其福最大。

xíng shàn rú chūn yuán zhī cǎo bù jiàn qí zhǎng rì yǒu suǒ zēng xíng
行善如春园之草，不见其长，日有所增；行
è rú mó dāo zhī shí bù jiàn qí xiāo rì yǒu suǒ sǔn
恶如磨刀之石，不见其消，日有所损。

shǐ wéi shàn ér fù mǔ nù zhī xiōng dì xiōng zhī zǐ sūn xiū zhī
使②为善而父母怒之，兄弟凶之，子孙羞之，
zōng zú xiāng dǎng jiàn wù zhī rú cǐ ér bù wéi shàn kě yě wéi shàn zé fù
宗族乡党贱恶之，如此而不为善，可也。为善则父
mǔ ài zhī xiōng dì yuè zhī zǐ sūn róng zhī zōng zú xiāng dǎng jìng xìn zhī
母爱之，兄弟悦之，子孙荣之，宗族乡党敬信之，
hé kǔ ér bù wéi shàn shǐ wéi è ér fù mǔ ài zhī xiōng dì yuè zhī
何苦而不为善！使为恶而父母爱之，兄弟悦之，

①冀：希望。 ②使：假如。

zǐ sūn róng zhī zōng zú xiāng dǎng jìng xìn zhī rú cǐ ér wéi è kě yě
子孙荣之，宗族乡党敬信之，如此而为恶，可也。
wéi è zé fù mǔ nù zhī xiōng dì yuàn zhī zǐ sūn xiū zhī zōng zú xiāng dǎng
为恶则父母怒之，兄弟怨之，子孙羞之，宗族乡党
jiàn wù zhī hé kǔ ér bì wéi è
贱恶之，何苦而必为恶！

wéi shàn zhī rén fēi dú qí zōng zú qīn qī ài zhī péng yǒu xiāng dǎng
为善之人，非独其宗族亲戚爱之，朋友乡党
jìng zhī suī guǐ shén yì yīn xiàng zhī wéi è zhī rén fēi dú qí zōng zú
敬之，虽鬼神亦阴相①之；为恶之人，非独其宗族
qīn qī pàn zhī péng yǒu xiāng dǎng yuàn zhī suī guǐ shén yì yīn jí zhī
亲戚叛之，朋友乡党怨之，虽鬼神亦阴殛②之。

wéi yī shàn ér cǐ xīn kuài qiè bù bì zì yán ér xiāng dǎng chēng yù
为一善而此心快惬③，不必自言，而乡党称誉
zhī jūn zǐ jìng lǐ zhī guǐ shén fú zuò zhī shēn hòu chuán sòng zhī wéi yī
之，君子敬礼之，鬼神福祚④之，身后传诵之。为一
è ér cǐ xīn kuì zuò suī yù yǎn hù ér xiāng dǎng chuán xiào zhī wáng fǎ
恶而此心愧怍⑤，虽欲掩护，而乡党传笑之，王法
xíng rǔ zhī guǐ shén zāi huò zhī shēn hòu zhǐ shuō zhī
刑辱之，鬼神灾祸之，身后指说之。

yī mìng zhī shì gǒu cún xīn yú ài wù yú rén bì yǒu suǒ jì
一命⑥之士，苟存心于爱物，于人必有所济；
wú yòng zhī rén gǒu cún xīn yú lì jǐ yú rén bì yǒu suǒ hài
无用之人，苟存心于利己，于人必有所害。

---

①阴相：暗中保护。 ②阴殛：暗中诛戮。 ③快惬：愉快惬意。 ④福祚：赐福。 ⑤愧怍：惭愧。 ⑥一命：最低一级的官。指官低职微。

膏梁积于家，而剥削人之糠覆①，终必自亡其膏粱；文绣充于室，而攘以人之敝裘②，终必自丧其文绣。

天下无穷大好事，皆由于轻利之一念，利一轻，则事事悉属天理，为圣为贤，从此进基③；天下无穷不肖事，皆由于重利之一念。利一重，则念念皆违人心，为盗为跖④，从此直入。

清欲人知，人情之常，今吾见有贪欲人知者矣，朵其颐⑤，垂其涎⑥，惟恐人误视为灵龟而不饱其欲也；善不自伐，盛德之事，今吾见有自伐⑦其恶者矣，张其牙，露其爪，惟恐人不识为猛虎而不畏其威也。

---

①糠覆：指粗糙的食物。 ②攘：侵占。敝裘：破旧衣服。 ③进基：奠定基础。 ④为盗为跖：泛指成为盗贼。 ⑤朵其颐：比喻一种希望得到的表情或动作。朵颐，本为吃东西的意思。 ⑥涎：口水。 ⑦自伐：自夸。

yǐ shē wéi yǒu fú yǐ shā wéi yǒu lù yǐ yín wéi yǒu yuán yǐ zhà
以奢为有福，以杀为有禄，以淫为有缘，以诈
wéi yǒu móu yǐ tān wéi yǒu wéi yǐ lìn wéi yǒu shǒu yǐ zhēng wéi yǒu qì
为有谋，以贪为有为，以吝为有守，以争为有气，
yǐ chēn wéi yǒu wēi yǐ dǔ wéi yǒu jì yǐ sòng wéi yǒu cái
以嗔为有威，以赌为有技，以讼为有才。

móu guǎn rú shǔ dé guǎn rú hǔ bǐ zhǔ rén ér bó dì zǐ zhě
谋馆[1]如鼠，得馆如虎，鄙主人而薄弟子者，
shú shī zhī wú chǐ yě mài yào rú xiān yòng yào rú diān zéi rén mìng ér
塾师之无耻也。卖药如仙，用药如颠[2]，贼[3]人命而
wěi tiān shù zhě yī shī zhī chǐ yě mì dì rú gǔ tán dì rú wǔ jīn
诿天数者，医师之耻也。觅地如瞽[4]，谈地如舞，矜
yì chuán ér bàng tóng dào zhě dì shī zhī wú chǐ yě
异传而谤同道者，地师[5]之无耻也。

bù kě xìn zhī shī wù yǐ sī qíng jiàn zhī shǐ rén tuō yǐ zǐ dì
不可信之师，勿以私情荐之，使人托以子弟。
bù kě xìn zhī yī wù yǐ sī qíng jiàn zhī shǐ rén tuō yǐ shēng mìng bù kě
不可信之医，勿以私情荐之，使人托以生命。不可
xìn zhī kān yú wù yǐ sī qíng jiàn zhī shǐ rén tuō yǐ xiān hái bù
信之堪舆[6]，勿以私情荐之，使人托以先骸[7]。不
kě xìn zhī nǚ zǐ wù yǐ sī qíng méi zhī shǐ rén tuō yǐ zōng sì
可信之女子，勿以私情媒之，使人托以宗嗣[8]。

sì ào zhě nà wǔ huì guò zhě zhǎng è tān lì zhě hài jǐ zòng
肆傲者纳[9]侮，讳过者长[10]恶。贪利者害己，纵

①谋馆：谋求教职。馆，旧时指塾师教书的地方。 ②颠：通“癫”，精神错乱。 ③贼：伤害。 ④瞽：失明。 ⑤地师：风水先生。 ⑥堪舆：风水。此处指风水先生。 ⑦先骸：先人的尸骨。 ⑧宗嗣：同宗的后嗣。 ⑨纳：招致。 ⑩长：助长。

yù zhě qiāng shēng
欲者戕生。

yú tūn ěr é pū huǒ wèi dé ér xiān sàng qí shēn xīng zuì tǐ
鱼吞饵，蛾扑火，未得而先丧其身。猩醉体，
wén bǎo xuè yǐ dé ér suí wáng qí qū cí shí yú fēng niàng mì suī dé
蚊饱血，已得而随亡其躯。鹚食鱼，蜂酿蜜，虽得
ér bù xiǎng qí lì
而不享其利。

yù bù chú sì é pū dēng fén shēn nǎi zhǐ tān bù liǎo rú xīng
欲不除，似蛾扑灯，焚身乃止。贪不了，如猩
shì jiǔ biān xuè fāng xiū
嗜酒，鞭血方休。

míng xīng lǎng yuè hé chù bù kě áo xiáng ér fēi é dú qū dēng yàn
明星朗月，何处不可翱翔？而飞蛾独趋灯焰。
jiā huì qīng quán hé wù bù kě yǐn zhuó ér yíng ruì zhēng shì xīng shān
嘉卉清泉，何物不可饮啄？而蝇蚋①争嗜腥膻。

fēi é sǐ yú míng huǒ gù yǒu qí zhì zhě bì yǒu qí yāng yóu
飞蛾死于明火，故有奇智者，必有奇殃；游
yú sǐ yú fāng lún gù yǒu shàn shì zhě bì yǒu měi dú
鱼死于芳纶②，故有善嗜者，必有美毒。

kǎi xià xī zhī láo láo qiū háo wú bǔ xiào dōng hōng zhī mào
慨夏畦③之劳劳，秋毫④无补；笑冬烘之贸
mào chūn mèng fāng huí
贸⑤，春梦方回。

---

①蚋：一类与蚊子和家蝇相近的吸血昆虫。 ②芳纶：散发香味的钓鱼线。 ③夏畦：夏天对畦田的灌溉、治理。 ④秋毫：鸟兽在秋天新长的细毛，比喻微小的事物。 ⑤冬烘：形容懵懂浅陋。贸贸：眼睛不明的样子。

jí rén wú lùn chǔ shì píng hé jí mèng mèi shén hún wú fēi shēng yì

吉人无论处世平和，即梦寐神魂，无非生意；

xiōng rén bù dàn zuò shì guāi lì jí shēng yīn xiào mào hún shì shā jī

凶人不但作事乖戾，即声音笑貌，浑是杀机。

rén rén xīn dì kuān shū shì shì yǒu kuān shū qì xiàng gù fú jí ér

仁人心地宽舒，事事有宽舒气象，故福集而

qìng cháng bǐ fū xiōng huái kē bǐ shì shì yǐ kē kè wéi néng gù lù bó

庆[①]长；鄙夫胸怀苛鄙，事事以苛刻为能，故禄薄

ér zé duǎn

而泽[②]短。

chōng yī gè gōng jǐ gōng rén xīn biàn shì wú yuè yī jiā rèn yī gè

充一个公己公人心，便是吴越一家；任一个

zì sī zì lì xīn biàn shì fù zǐ chóu chóu

自私自利心，便是父子仇雠。

lǐ yǐ xīn wéi yòng xīn sǐ yú yù zé lǐ miè rú gēn zhū zhǎn ér

理以心为用，心死于欲则理灭，如根株斩而

běn yì huài yě xīn yǐ lǐ wéi běn lǐ bèi yù hài zé xīn wáng rú shuǐ

本亦坏也；心以理为本，理被欲害则心亡，如水

quán jié ér hé yì gān yě

泉竭而河亦干也。

yú yǔ shuǐ xiāng hé bù kě lí yě lí shuǐ zé yú gǎo yǐ xíng yǔ

鱼与水相合，不可离也，离水则鱼槁矣。形与

qì xiāng hé bù kě lí yě lí qì zé xíng huài yǐ xīn yǔ lǐ xiāng hé

气相合，不可离也，离气则形坏矣。心与理相合，

bù kě lí yě lí lǐ zé xīn sǐ yǐ

不可离也，离理则心死矣。

①庆：福。 ②泽：恩泽。

tiān lǐ shì qīng xū zhī wù qīng xū zé líng líng zé huó rén yù
天理是清虚[1]之物，清虚则灵，灵则活；人欲
shì zhā zǐ zhī wù zhā zǐ zé chǔn chǔn zé sǐ
是渣滓[2]之物，渣滓则蠢，蠢则死。

wú yǐ shì yù shā shēn wú yǐ huò cái shā zǐ sūn wú yǐ zhèng shì
毋以嗜欲杀身，毋以货财杀子孙，毋以政事
shā bǎi xìng wú yǐ xué shù shā tiān xià hòu shì
杀百姓，毋以学术杀天下后世。

wú zhí qù lái zhī shì ér wéi quán wú gù dé sàng zhī wèi ér wéi
毋执去来之势而为权，毋固得丧之位而为
chǒng wú shì jù sàn zhī cái ér wéi lì wú rèn lí hé zhī xíng ér wéi wǒ
宠，毋恃聚散之财而为利，毋认离合之形而为我。

tān le shì wèi de zī yì bì zhāo xìng fèn de sǔn tǎo le rén shì
贪了世味[3]的滋益，必招性分的损；讨了人事
de pián yi bì chī tiān dào de kuī
的便宜，必吃天道的亏。

jīng gōng yán yǔ yú xíng shì háo bù xiāng gān zhào guǎn pí máo yǔ
精工言语，于行事毫不相干；照管皮毛，与
xìng líng yǒu hé guān shè
性灵有何关涉！

jīng jí mǎn yě ér wàng shōu jiā hé zhě yú sī niàn mǎn xiōng ér
荆棘满野，而望收嘉禾者愚；私念满胸，而
yù qiú fú yìng zhě bèi
欲求福应者悖。

---

①清虚：清静虚无。 ②渣滓：杂质，糟粕。 ③世味：人在世上所感受的种种欲乐。

zhuāng jìng fēi dàn rì qiáng yě níng xīn jìng qì jué fēn yīn cùn guǐ
庄敬非但日强也，凝心静气，觉分阴寸晷①，
bèi zì shū zhǎng ān sì fēi dàn rì yú yě yì zòng shén chí suī lěi yuè
倍自舒长；安肆②非但日愉也，意纵神驰，虽累月
jīng nián yì xíng xùn shǐ
经年，亦形迅驶。

zì jiā guò è zì jiā xǐng dài huò bài shí xǐng yǐ chí yǐ zì
自家过恶自家省，待祸败时，省已迟矣；自
jiā bìng tòng zì jiā yī dài sǐ wáng shí yī yǐ wǎn yǐ
家病痛自家医，待死亡时，医已晚矣。

duō shì wéi dú shū dì yī bìng duō yù wéi yǎng shēng dì yī bìng duō
多事为读书第一病，多欲为养生第一病，多
yán wéi shè shì dì yī bìng duō zhì wéi lì xīn dì yī bìng duō fèi wéi zuò
言为涉世第一病，多智为立心第一病，多费为作
jiā dì yī bìng
家第一病。

jīn zhī yòng rén zhǐ pà wú qù chù bù zhī qí bìng gēn zài lái chù
今之用人，只怕无去处，不知其病根在来处；
jīn zhī lǐ cái zhǐ pà wú lái chù bù zhī qí bìng gēn zài qù chù
今之理财，只怕无来处，不知其病根在去处。

pín bù zú xiū kě xiū shì pín ér wú zhì jiàn bù zú wù kě wù
贫不足羞，可羞是贫而无志。贱不足恶，可恶
shì jiàn ér wú néng lǎo bù zú tàn kě tàn shì lǎo ér wú chéng sǐ bù zú
是贱而无能。老不足叹，可叹是老而无成。死不足
bēi kě bēi shì sǐ ér wú bǔ
悲，可悲是死而无补。

---

①分阴寸晷：一分光阴一寸日影，指时间短暂。 ②安肆：安逸放肆。

shì dào quán měi chù yuàn wǒ zhě nán kāi zhǐ zhāi zhī duān xíng dào zhì
事到全美处，怨我者难开指摘之端；行到至
wū chù ài wǒ zhě mò shī yǎn hù zhī fǎ
污处，爱我者莫施掩护之法。

yī gòu bù jiān qì quē bù bǔ duì rén yóu yǒu cán sè xíng gòu
衣垢不湔[1]，器缺不补，对人犹有惭色；行垢
bù jiān dé quē bù bǔ duì tiān qǐ wú kuì xīn
不湔，德缺不补，对天岂无愧心。

gōng rén xīn shǎng chái fēng yuè yú yān huā shì yuē xiè tiān chěng wǒ
供人欣赏，侪[2]风月于烟花，是曰亵天；逞我
jī fēng jiè shī shū yǐ xì xuè shì míng wǔ shèng
机锋[3]，借诗书以戏谑，是名侮圣。

zuì mò dà yú xiè tiān è mò dà yú wú chǐ guò mò dà yú
罪莫大于亵天，恶莫大于无耻，过莫大于
duō yán
多言。

yán yǔ zhī è mò dà yú zào wū xíng shì zhī è mò dà yú kē
言语之恶，莫大于造诬。行事之恶，莫大于苛
kè xīn shù zhī è mò dà yú shēn xiǎn
刻。心术之恶，莫大于深险。

tán rén zhī shàn zé yú gāo mù bào rén zhī è tòng yú gē máo
谈人之善，泽于膏沐；暴人之恶，痛于戈矛。

dāng è zhī shī gān yú shí yǔ shāng xīn zhī yǔ dú yú yīn bīng
当厄之施，甘于时雨；伤心之语，毒于阴冰。

yīn yán jī yǔ zhī xiǎn qí kě yǐ xiǎng wéi wén jìng bù kě shè wéi
阴岩积雨之险奇，可以想为文境，不可设为

①湔：洗涤。 ②侪：共同，一起。 ③机锋：佛家谈禅，言辞不落迹象而锋芒锐利的叫做机锋。

xīn jìng huá lín yìng rì zhī qǐ lì kě yǐ jiǎ wéi wén qíng bù kě yī
心境；华林映日之绮丽，可以假为文情，不可依
wéi shì qíng
为世情。

cháo fù xǐ ěr yǐ míng gāo yǔ yǐ wéi ěr qí dòu yě qí yán
巢父洗耳[1]以鸣高，予以为耳其窦[2]也，其言
yǐ rù yú xīn yǐ dāng pōu xīn ér huàn zhī chén zhòng chū wā yǐ shì jié
已入于心矣，当剖心而浣之；陈仲出哇[3]以示洁，
yǔ yǐ wéi wā qí zǐ yě qí wèi yǐ rù yú cháng yǐ dāng kuī cháng ér
予以为哇其滓也，其味已入于肠矣，当刲[4]肠而
dí zhī
涤之。

dǐ zī huáng zhī bèi běn zōng huò jīn dài huài shèng xián míng jiào lì
诋缁黄[5]之背本宗，或衿带[6]坏圣贤名教；詈[7]
qīng zǐ zhī wàng gù yǒu nǎi héng máo shāng gǔ ròu tiān lún
青紫[8]之忘故友，乃衡茅[9]伤骨肉天伦。

yán liáng zhī tài fù guì qí yú pín jiàn jí dù zhī xīn gǔ ròu
炎凉之态，富贵其于贫贱；嫉妒之心，骨肉
qí yú wài rén
其于外人。

xiōng dì zhēng cái fù yí bù jìn bù zhǐ qī qiè zhēng chǒng fū mìng
兄弟争财，父遗不尽不止；妻妾争宠，夫命

①巢父洗耳：当为“许由洗耳”之误。许由、巢父皆为上古隐士，帝尧想把天下让给许由，许由认为这话玷污了他，便跑到河边洗耳朵，而巢父认为许由洗过耳朵的河水都被污染了，甚至不让他的小牛犊喝这河的水。 ②窦：聋。③陈仲出哇：战国时齐人陈仲以生活自律闻名，因误食别人送他兄长的鹅，因而出门将鹅肉吐出。哇，吐。 ④刲：刮。 ⑤缁黄：僧道的代称。和尚穿缁服，道士戴黄冠，故称“缁黄”。 ⑥衿带：代指文人。 ⑦詈：谩骂。 ⑧青紫：本为古时公卿绶带的颜色。借指高官显爵。 ⑨衡茅：以横木为门的茅草房，极言其简陋。

bù sǐ bù xiū shòu lián chéng ér dài sǐ tān zhě bù wéi rán sǐ lì zhě
不死不休。受连城①而代死，贪者不为，然死利者
hé xū lián chéng xié qīng guó yǐ gào cú yín zhě bù gǎn rán sǐ sè zhě
何须连城？携倾国以告殂②，淫者不敢，然死色者
hé xū qīng guó
何须倾国？

wū huò bìng wēi suī tóng zǐ zhì tǐng kě tà wáng qiáng chòu fǔ
乌获③病危，虽童子制梃④可挞；王嫱⑤臭腐，
wéi hú lí zuān xué xiāng kuī
惟狐狸钻穴相窥。

shèng rén bēi shí mǐn sú xián rén tòng shì jí sú zhòng rén hùn shì zhú
圣人悲时悯俗，贤人痛世疾俗，众人混世逐
sú xiǎo rén bài cháng luàn sú
俗，小人败常乱俗。

dú shū wéi shēn shàng zhī yòng ér rén yǐ wéi zhǐ shàng zhī yòng zuò guān
读书为身上之用，而人以为纸上之用；做官
nǎi zào fú zhī dì ér rén yǐ wéi xiǎng fú zhī dì
乃造福之地，而人以为享福之地。

zhuàng nián zhèng qín xué zhī rì ér rén yǐ wéi yǎng ān zhī rì kē dì
壮年正勤学之日，而人以为养安之日；科第
běn xiāo tuì zhī gēn ér rén yǐ wéi zhǎng jìn zhī gēn
本消退之根，而人以为长进之根。

shèng zhě shuāi zhī shǐ fú zhě huò zhī jī
盛者衰之始，福者祸之基。

fú mò dà yú wú huò huò mò dà yú yāo fú
福莫大于无祸，祸莫大于邀福。

---

①连城：形容价值极高的宝物。 ②倾国：指美人。告殂：赴死。 ③乌获：战国时候的大力士。 ④梃：棍棒。
⑤王嫱：王昭君，中国古代四大美人之一。